電影劇本寫作

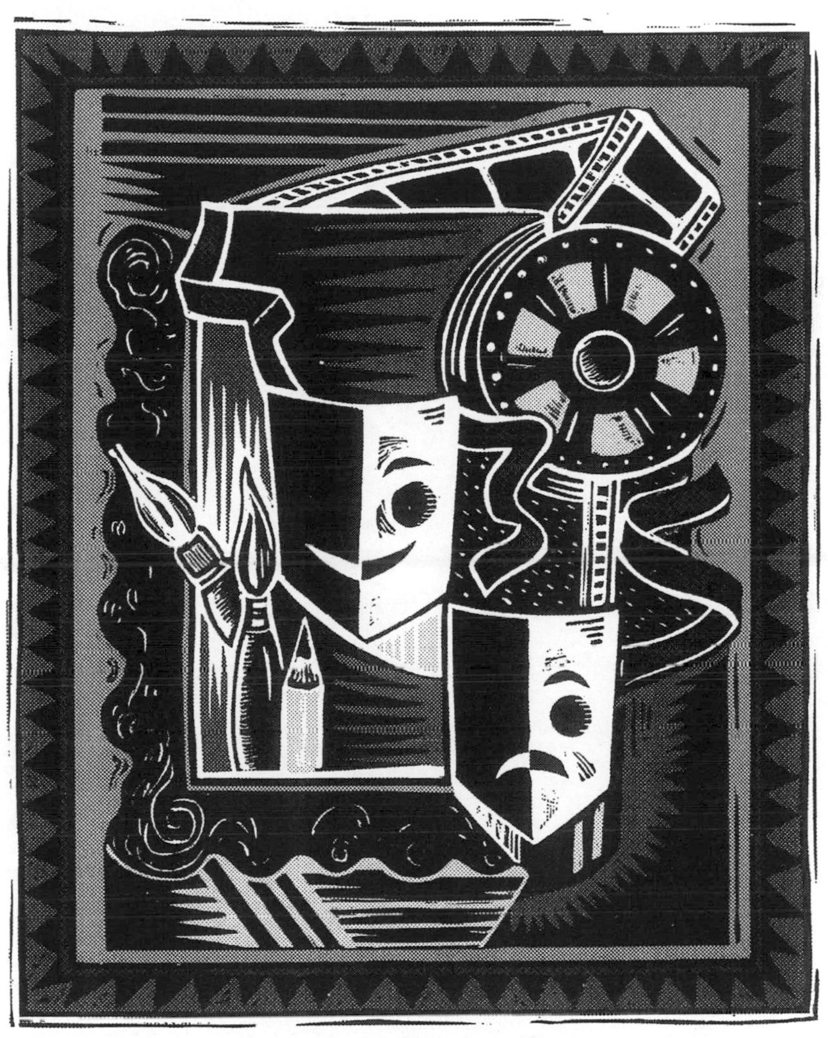

作者／D. PARENT-ALTIER
譯者／王書芬

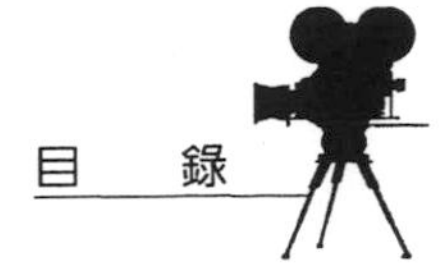

目　錄

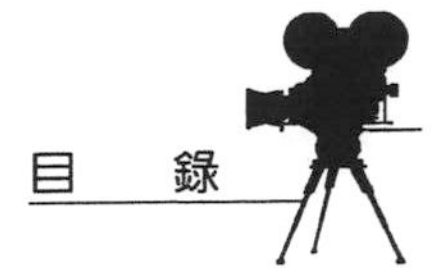

引言
何謂電影編劇？

創作是無規則可循的。如果可以循規則從事創作，那麼畫家堤香（Titien）和維羅尼斯（Véronèse）也沒什麼好希罕的了。

藝評人　約翰・魯斯金（John Ruskin）

一天，專爲法蘭克・凱普拉（Frank Capra）撰寫劇本的電影編劇羅伯特・瑞斯金[1]（Robert Riskin），受夠了美國評論界對出名的「凱普拉電影筆觸」捧上了天，於是寄給凱普拉一本一百二十頁完全空白的劇本，在劇本襯頁處，瑞斯金題了幾個字：「親愛的法蘭克，既然如此，好好運用你那著名的『筆觸』，揮灑揮灑。」

許多美國電影編劇一定對這個酸澀的玩笑感到心有戚戚焉。像杜德利・尼寇斯（Dudley Nichols）、紐迺利・強森（Nunally Johnson）、查爾斯・貝內特（Charles Bennet）[2]，和許許多多名不見經傳、作品很少被拿來研究和分析的電影編劇，一般人對他們完全陌生。然而，前面提到名字的幾位，和百餘名限於篇幅不及一一列名的電影編劇，才是好萊塢經典名片的幕後功臣。

編劇也有過他們的黃金歲月，曾有一段時間，法國大眾和法國電影界，幾乎不會不知道電影編劇和電影對白撰寫人的姓名。自三〇年代，一直到四〇年代德軍佔領法國時期，法國人習慣在週日扶老攜幼到戲院看電影，稱呼某部電影時，總是用編劇的名字開頭，比如說是去看史帕克（Spaak）的電影，奧宏許（Aurenche）的電影、姜松（Jeanson）的電影、或是普瑞維（Prévert）的電影。大戰以後，幾位新秀加入，比如奧宏許和波斯特（Bost）雙人搭檔，席莒（Sigurd），然後是歐狄亞

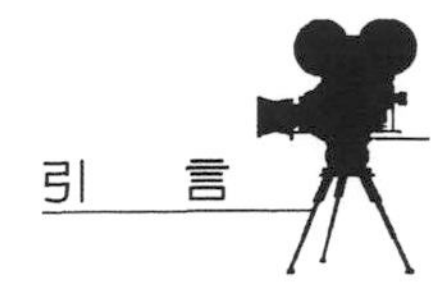

（Audiard）。在此之後新起的一輩很快就發現，這份對電影編劇的肯定，其實是建立在當時稱爲場面調度的導演之上，但電影編劇簡直是一手遮天。「當時的法國電影僅有七、八位編劇固定撰寫劇本，一個人只寫得出一種故事，寫作靈感又都來自奧宏許和波斯特雙人搭檔的賣座作品，要說當時每年推出的百餘部法國電影千篇一律，並不誇張[3]。」

這種對電影編劇抱持懷疑的態度，日積月累，終於醞釀出「新浪潮」運動，認爲務必要爲導演正名，使之成爲作品——也就是電影——的作者。編劇爲電影作者的身分被駁去，時至今日依舊如此。

原來電影的作者是編劇，後來變成導演，筆者在此回溯其變遷過程，恕將較不重要部分省略。其實諸多學者對此早有著墨，只要加以參閱[4]，就可瞭解電影編劇與導演兩者之間身分問題的複雜性。因此本書略過此一課題，將重點放在劇本寫作方法的建立。

儘管如此，電影界用來界定身分的術語，尤其是最常引起混淆的其中幾個，影響了年輕一代編劇在選擇專業時所下的決定，其意義有必要加以釐清。

根據「新浪潮」的定義，導演（réalisateur）才是一部電影的「作者」（auteur）。在此之前，「作者」一詞專指編寫劇本及對白的人；新浪潮以後則僅指導演。原本導演被稱爲「場面調度」（metteur en scéne）；「新浪潮」認為，導演才是電影的作者，導演不一定要寫劇本，但他拍攝出的電影是藝術創作。後來出現複合名詞「作者－導演」（auteur-réalisateur），立即重演新局面。「作者－導演」意謂編導合一。編導合一在電影界並不新奇，只是「作者－導演」這個新名稱，使「作者」恢復最初「編寫者」的意義。聽來似乎「作者－導演」才是一部電影的「作者」。為什麼只在「作者－導演」這個複合名詞中，才讓編寫者重新恢復「作者」的身分呢？

「作者」和「導演」這兩個詞的意義，會依使用場合而改變，所以「作者－導演」這個複合名詞，總是造成混淆，使得誤解重重，後果難以計量。舉例來說，法國許多愛好電影的年輕人，都以為美國電影是編導合一的作品，不知撰寫劇本另有其人！有些人以為約翰・福特（John Ford）、凱普拉、阿弗列德・希區考克（Alfred Hitchcock）、哈華德・霍克斯（Howards Hawks）、羅伯特・奧德利奇（Robert Aldrich）或羅爾・瓦許（Raoul Walsh）都是親自撰寫劇本，其實根本不是這麼回事。這些在美國電影界享譽盛名的電影「作者」，從來就不曾獨自創作劇本[5]。視他們為電影「作者」的理由，與「新浪潮」所標榜的如出一轍：他們是電影導演大師。這並不是說美國電影界沒有編導合一的創作者。像奧森・威爾斯（Orson Welles）、伍迪・艾倫（Woody Allen）、亞倫・羅道爾夫（Alan

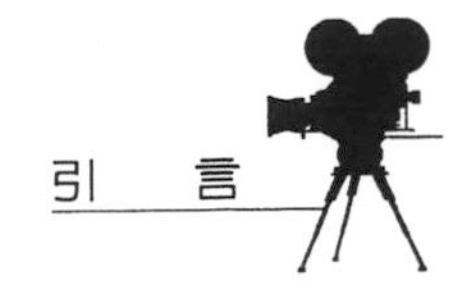

Rudolph）、約翰・卡薩維茲（John Cassavetes），和新近的昆汀・塔倫提諾（Quentin Tarantino）等人，就完全有資格稱之爲編導合一，同時又是偉大的電影作者，絲毫不相牴觸。

諸術語在意義上的混淆，使得在認定作者、編劇和導演的專業和功能時，產生了更嚴重的後果。沒有人憧憬成爲全職的編劇。年輕一輩的電影人，向來就是無論如何都要自編自導6。這個理想並非全然無望。當代法國電影本來就奠基在這個理念之上。不過「作者一導演」這個複合名詞也造成幾種負面影響：

(1)複合名詞「作者一導演」意謂編劇與導演的功能一定能兼容。但事實並非如此。編劇和導演的功能基本上並不相同，而且在心理上、體能上以及技術上都有不同的要求，一個人很難兼具編劇與導演的特質。導演在平時必須身兼交響樂團指揮、心理治療師、技師、演員和編劇等等多重角色。導演必須先讓他想要拍攝、並藉以表達理念的精確畫面，不間斷地在腦中形成；與之後在攝影棚裡的叫囂與暴怒相比，此時大概是導演最安靜的時刻。導演不會忘記自己最初的企圖，藝術家的企圖是作品的根本。編劇應具備的特質並不會比導演少，只是所要求的並不相同。

(2)複合名詞「作者一導演」使得編劇的功能和專業水準遭到貶抑。電影創作在技術上的確必須藉助攝影器材及膠卷來呈現，卻也因此抹殺編劇的功勞，使之退居導演之後。編劇功能之所以遭到貶抑，是因為編劇的任務，在將劇本搬上銀幕的過程中，已不復存在。其實原因不僅於此。就拿一齣舞台劇為例，同樣是將劇本搬上舞台，儘管導演常常將該戲導出不同的面貌，然而劇本作者不改其首要地位。在劇場中，導演的名字固然重要，但是從來不曾大到蓋過劇本作者的地步。

(3)最後，「作者一導演」這兩個名詞的連結，也貶低了劇本本身的價值。尤其是輕估了劇本寫作的重要性。當編劇身兼導演時，若寫作遭遇問題，通常都在攝影棚內直接解決，而不在寫作時解決。我們希望藉由本書，讓讀者瞭解，劇本寫作應該在形式上，受到什麼程度的嚴謹要求。

電影編劇與其工作受到貶抑，當然不僅是因為「作者」和「導演」兩個名詞的合併所造成。其中也包含經濟與政策的因素。

影音視聽業多倚重劇本，編劇的功能卻未獲承認。劇本是成品的前身，眾所矚目，而寫劇本的人卻大受冷落。電影編劇和其創作，受到差別待遇，使編劇地位相較於劇本本身，愈形低落；電視界尤其如此，還因此產生幾個本末倒置的現象。比如：原著劇本必定遭其他幾位「編劇」重新改寫。令人嘖嘖稱奇的是，法國電視界這

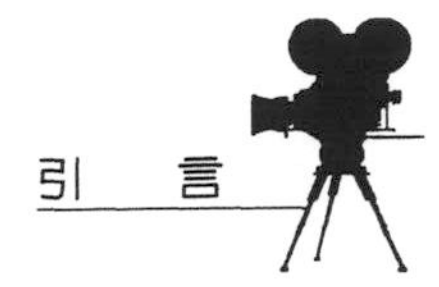

種縫縫補補的工作模式，竟和美國電影界如出一轍，目前正引起法國電視編劇的責難 [7]。

★目前法國電影的趨勢，是憑藉導演的名聲，來「打造」一部電影，而不是仰賴編劇的知名度。除非編劇自編自導，否則業界總是漠視劇本作者。

編劇地位低落，編劇本身亦難辭其咎。電影編劇眼見大勢已去，不能也不想再力挽狂瀾。說實在的，既然沒有導演將作品搬上銀幕，何必寫劇本？電影愛好者之間隱隱瀰漫著一種想法：既然當導演比較容易，何苦作編劇？對那些贊助拍攝、製作電影並大量發行的相關文化、政策機構來說，眞是正中下懷，然而這些機構卻忘了編劇草創的功勞，也因此削減了電影劇本資產的成就。

所以恢復劇本和專業編劇的地位，將之由電影中「導」的部分獨立出來，實乃當務之急。本書主要爲有興趣撰寫劇本的讀者而作，同時也希望能對提升電影劇本和編劇的地位，有所貢獻。通常編劇的努力和劇本的成就早已融入電影之中，我們卻不能忘記，若無前人種樹，哪來後人乘涼？此外，很多電影導演也承認，必須重新肯定劇本編寫的工作，以利創造力的延伸。許多人認爲電影作品要認誰作親娘這檔事只是白搭。卓越電影大師費里尼（Fellini），就從來少不了編劇多尼諾·蓋拉

（Tonino Guerra），他寫過費里尼的《阿瑪珂德》（*Amarcord*）（1973），《舞國》（*Ginger et Fred*）（1985），《揚帆》（*Et Vogue le Navire*）（1983）等片的劇本。安哲羅普洛斯（Théo Angelopoulos）總說：「蓋拉是詩人。」蓋拉在撰寫劇本期間，全心全意地去想像、去構思、去形象化，親眼目睹自己的「視野」化成電影，在導演《尤里西斯之生命旅程》（*Le Regard d'Ulysse*）（1995）時，安哲羅普洛斯即有深刻體驗。奇士勞斯基（Krzysztof Kieslowski）要是沒有摯友皮修維茲（Krzysztof Piesiewcz）的編劇，也拍不出如《十誡》（*le Décalogue*）（1988）、《藍白紅》（*Bleu, Blanc ou Rouge*）三色系列（1993）等片了。小津安二郎執導的每部片子，劇本都由野田高梧撰寫，兩人早就焦孟不離，更不待言。而法國電影大師雷奈（Alain Resnais）也要有劇本才拍片的。上述諸片，豐富了電影資產，要是沒有源源不絕的劇本出爐，電影又打哪來？事實證明，電影作品企圖呈現的藝術感，是可以用筆寫出來的，那就得看編劇的匠心獨運了。

若問：「何謂作家？」我們會回答：「作家是完成寫作行爲的人。」寫作行爲完成，以書的形式呈現，書中，作者的原始構想透過文字忠實再現。若問：「何謂雕塑家？」依循同一道理，我們會回答：「雕塑家運用木料、石材或其他任何材料製作作品，完成的作品不論抽象具象，都反映出作者的創

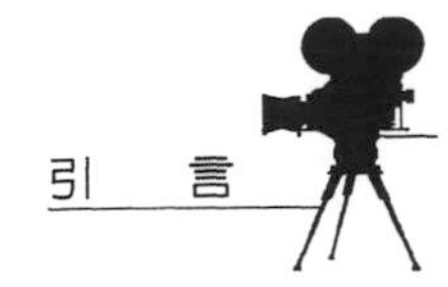

意。」那麼何謂作曲家、何謂導演、何謂細木工人呢？所有問題的答案都在在顯示，他們是有創作想法，並將之直接具體呈現（也就是完成作品）的人。

那編劇呢？若問：「何謂編劇？」我們會回答：「編劇是著手寫作行爲的人，然而劇本卻還不是完成的作品。」劇本的最終目的並非閱讀，所以在創作行爲和完成作品之間，還有斷層。能瞭解這個電影創作中無可避免的特殊現象，以及其中所代表的意義，非常重要；唯有如此，編劇方能善盡己任。編劇必須承認：

★他寫的劇本是未完成的作品，要拍成電影以後才是完成的作品。

★他是電影劇本的作者，不是電影的作者。

★在化文字爲影像的過程中，他已無權置喙，令編劇心情矛盾。所以編劇必須習慣創作權離手所引起的各種情緒。

★他必須學會處理另一個技術上的困難，就是要能以一般的寫作方式爲本，發展出電影劇本的寫作方式。這也正是本書的立意。

編劇必須謹記，儘管劇本不是完成的作品，卻是電影的基礎。只有編劇將想像化爲文字，才能爲電影催生。能有這一層瞭解，才能體會身爲編劇的驕傲。

註釋

1 瑞斯金曾是凱普拉的委任編劇，作品如：《無名小卒》(*Meet John Doe*)、《富貴浮雲》(*Mr. Deeds Goes to Town*) 和《一夜風流》(*It Happened One Night*)。

2 尼寇斯撰寫的作品超過三十部，比如《革命叛徒》(*Informer*)、《驛馬車》(*Stagecoach*) 和《巡邏隊失蹤》(La Patrouille Perdue)(導演爲約翰·福特)、《育嬰奇譚》(*Bringing up Baby*)(導演爲哈華德·霍克斯)、《追捕逃犯》*Manhunt*)、《血紅街道》(*The Scarlet Street*)〔導演爲弗列茲·朗 (Fritz Lang)〕。紐迺利·強森是《怒火之花》(*The Grapes of Wrath*)、《綠窗豔影》(*The Woman in the Window*)、《願嫁金龜婿》(*How to Marry a Millionaire*) 等片的編劇。貝內特爲希區考克所寫的幾個劇本，後來都被認定是希區考克的重要作品：《敲詐》(*Blackmail*)、《擒兇記》(*The Man Who Knew Too Much*)、《狂兇記》(*The 39 Steps*)、《破壞》(*Sabotage*)，以及在約莫二十年後，於一九五六年時，撰寫《擒兇記》的第二個版本。

3 François Truffaut, "Une certaine tendance du cinéma français", *Cahiers du cinéma* n° 31, janvier 1954。雖然這篇文章因主張導演爲電影之眞正作者而出名，但內文其實有百分之九十都在聲嘶力竭地反對撰寫對白者對法國電影的干預。

4 可參考本書附錄之參考書目。

5 本書作者曾遇到熱愛電影的年輕人，在得知約翰·福特、凱普拉和希區考克都不是自己撰寫電影劇本時，感到極度扼腕。

6 但是，楚浮 (Truffaut) 從來不曾贊同這種趨勢。他個人所景仰的電影作者，包括奧德利奇、希區考克、霍克斯等導演，都曾使用一位或多位編劇的劇本拍片。

7 就這個問題，編劇互助聯誼會創辦人亞蘭·克利夫 (Alain Krief)，不斷爲電視編劇爭取法律權益，希望他們在專業上受到尊重。

第一章
劇　本　格　式

1. 編劇為誰而寫？

1.1 劇本格式標準化

劇本的格式要求嚴格，許多編劇新手視之爲專斷。然而，劇本格式並非偶然形成，也絕非無關緊要的陳規。劇本的編排格式呈現出：

★電影獨具的戲劇要素，這些戲劇要素也是編劇可運用的最佳利器。

★編劇必須持續關心且不可忽略電影的技術層面。

★編劇寫作的對象，如審稿人、導演、技術團隊和觀眾。

進一步來說，電影劇本的格式，除了強調電影敘事中最強的戲劇要素之外，亦將之與戲劇或小說敘事（劇場、小說或中短篇小說）中最強的戲劇要素相比，督促編劇思考作品的最終形式，比如：故事是不是具備拍成電影的特質？用電影敘事，是不是眞的可以準確地呈現作者的想法，並呈現其寫作才華？

因此，編劇在將故事寫成劇本之前，應該先做仔細深入的研究，選擇最能表達其想法的寫作格式。

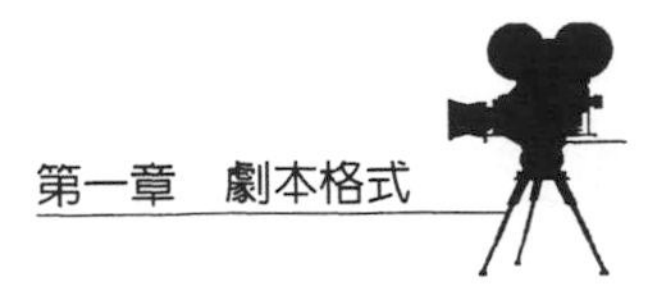

1.2　編劇為誰而寫？

作家撰寫書籍，和讀者建立的是單向關係，而編劇則和其讀者維持多樣的關係。根據各個電影專業根本上不同的需求，一部劇本可能會被拆成好幾份來閱讀。

撰寫劇本時，編劇考慮對象的優先順序大致如下：先是審讀、然後是導演、技術團隊、演員，最後才是觀眾。再者，劇本的寫作格式，對編劇來說是個持續的挑戰，使編劇在決定技術和編劇事宜前，能做周詳的考慮。

讀稿人

在美國，第一個閱讀劇本的人是編劇的經紀人、片場或獨立製片公司[1]雇用的專業"reader"（讀稿）[2]，負責揀選劇本以拍成電影。假使編劇有機會直接投稿給製作公司，則第一個讀劇本的人是電影製作。美國編劇很少有這種機會，他們大都由經紀人代理，至少編劇的法律權益是由經紀人所代理。

在法國，編劇由經紀人代理的情形尚未充斥，第一個讀劇本的人最有可能是電影製作，在理想的狀況下，應該是導演。我們認爲，編劇和導演從頭到尾合作無間地完成作品，是一種理想的狀況。

姑且不論劇本讀者何人，劇本都必須確實「寫」出來，具備獨特的風格和節奏，使用流暢優美的文字，尤其要寫到讓人能聯想出即將拍攝的畫面。我們不應該把劇本寫作看成是古希臘戲劇的演出提示一般，未標明地點和場面；電影劇本的形式和劇場的形式大不相同。電影劇本敘事中，除了對白以外，都是敘述性的文字，並應提示影像的部分。**用文字提示影像**，嚴格說來，就是劇本寫作的最佳寫照。一位成熟的編劇，知道如何同時運用其形象表現能力和文字功力來說故事，並於其中納入個人文學風格和豐富的戲劇信息。

導演

其次要說的是導演。在非由導演自撰劇本的情況下，導演通常是第一個閱讀劇本的人。至少在法國是如此。本書引言中已經提及，編劇和「作者—導演」兩者的不同。引言中強調編劇遭遇的最大問題，就是當編劇想要自行執導的時候，他必須遷就電影拍攝的情形來撰寫劇本。如此一來，編劇對敘事本體中一些建構成熟劇本所必須的戲劇安排，就會欠缺考慮。本書將持續強調一個觀念，亦即編劇必須提供導演一切可能的戲劇要素，使導演可以創作出屬於自己也屬於編劇的作品。

這樣的觀念，只有編劇和導演緊密合作，強力要求導演完完全全拍出編劇寫的東西，才有可能實現。其實，無論導演如何忠於劇本，從劇本拍成電影的過程，編劇是不能插手的；此

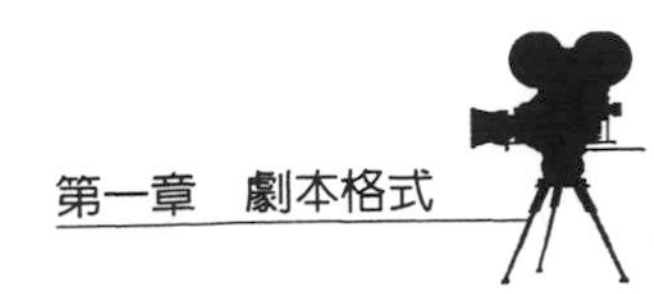

外，認爲導演的工作只是單純地呈現劇本的內容，也不合理，甚至貶低了導演。導演也有自身的想法，甚至導演的才華和視野有可能超越劇本。

話說回來，倘若劇本精雕細琢，描寫的影像呼之欲出時，則可呈現編劇希望導演拍出的作品，沒有背離劇本的原意。對編劇而言，導演「超越性」的視野，只能表達編劇的想像。這正是本書強調的觀念。

技術團隊

技術團隊的成員數也數不清，主要有製作總監、助理導演、攝影總監、音效師等等，旗下各有助手，負責電影拍攝的種種職務。還有選角總監、外景監製、服裝、化妝、髮型以及布景師。

所有參與電影拍攝的成員，都必須閱讀劇本，就個人所司之職，讀取所需的提示，以完成負責之任務。

舉例說明如下：

★外景監製在閱讀劇本後，得知拍攝電影需要的地點，才能統計出其正確數目。

★選角總監及導演在閱讀劇本後，就可依據人物、劇情、主題或電影類型來選角。

★製作總監在閱讀劇本後，可以將同一地點的場面，例如所有發生在室外玉米田的場面，或所有發生在室內某一銀行保險庫的場面，一一挑出，以便建立一份詳明的拍攝時間表。發生在同一地點的場面，其拍攝順序多配合拍片工作計畫，以節省時間爲主，並不依照劇情發展的時間順序來拍攝。

★布景師運用其才華和智識，是唯一可載片亦可「覆」片的人；他也必須在閱讀劇本後，才能創造出人物所存在的物理環境。環境、布景以及地點，通常也有說明人物特徵的功能。

演員

演員是電影絕不可少的一環，亦是劇本的重要讀者，可是編劇卻不常替演員設想。演員仰賴劇本上屬於自己的對白，爲一齣戲「注入活力」。

然而編劇必須謹記，他得依照劇本格式，盡可能給演員提示人物的心理狀態和外表，以及人物所處的情境等相關提示，使演員得以詮釋出所擔綱的角色。既要忠實呈現人物的性格，也要尊重演員的個性。所以，切勿陷演員於多餘又令人困擾的種種表演提示中。不過話說回來，劇本對白還是必須發揮其重要功能，演員方能輕鬆地掌握角色的個性，充分演出。

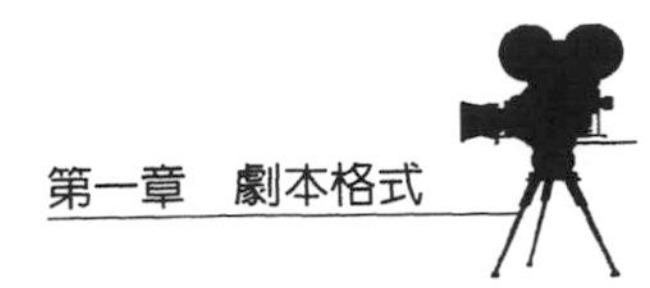

對白有其重要功能，除了可以反映人物活動，亦表現人物性格，還能展現其態度。舉例來說，如果編劇筆下人物說粗話來表達氣憤時，就不必再向演員提示演出的態度，因爲粗話上口，氣憤自不待言。

傑哈

（氣憤地）

狗屎！

反之，若傑哈這個人物用另一種態度表示氣憤時，編劇就必須提示演員應演出的態度：比如（虛情假意地）（冷淡地）（帶笑地）等等，如此正表現了人物個性的另一面。

有人認爲表演提示是導演的工作。也有人認爲，如果編劇想貫徹自己的觀點，他就應該連最枝微末節的場面和表演提示，都不放過。如此要求，會阻礙文字敘事化爲影像敘事的過程，不但破壞劇本閱讀的流暢，並陷演員於文字的泥淖，無法融入劇情。

因此本書建議編劇，劇本寫作的版面編排，應便於演員閱讀。

觀衆

雖然觀眾不看劇本，可是劇本也爲觀眾而寫。編劇的腦中必須不斷為觀眾設想；編劇和觀眾的關係，和其他劇本讀者並不相同，可分成技術和編劇兩方面來說明。

就技術面而言，劇本讀者和觀眾不同，這一點很容易瞭解。劇本讀者跟著劇本中每個場面開頭的標題走，這些標題在大銀幕上不會出現，所以對觀眾來說，標題對劇本讀者產生的效果，在銀幕上卻沒有說明或提示。以「FLASH-BACK」（倒敘）這個術語為例，雖然會在劇本上註明，卻不會出現在銀幕上。這個術語本來就是給劇本讀者看的。劇本的讀者，因為沒有立即的影像可以身臨其境，所以需要加上文字敘述，以便即刻瞭解倒敘的情形。在劇本上註明倒敘，可令人聯想和電影倒敘相同或近似的情形。

就編劇面而言，要讓劇本讀者和電影觀眾產生相同的反應，有時根本不可能。舉例來說，劇本中懸疑的概念，通常都會先透過文字敘述，讓劇本讀者知曉，而電影觀眾總要稍後才會發覺。劇本上寫出「倒敘」時，是要告訴讀者即刻所在的時間地點。電影中的倒敘則以另一種方式呈現。「倒敘」的內容，可以循序漸進地表達，甚至成為電影敘事的一部分。這樣的倒敘手法有時似乎是精心安排的。比如在《一段情》（*The Go-Between*）（1971）中，導演羅西（Jesoph Losey）讓一個身著灰色雨衣的老人在電影中出現了十二次，每次出現的時間都很短、很規律，而且老人未曾以任何方式在劇情其他地方出

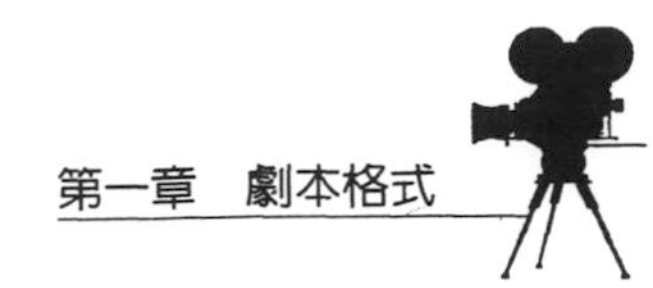

現。觀眾於是開始自我解釋，認爲老人的出現應該是一種倒敘的手法。等老人最後一次出現，觀眾才知道這個老人就是故事中那位年輕的傳信人，也就是全齣的主角，電影所有的劇情，都是以老人的角度所做的倒敘。老人幾次短暫的現身，才是發生在當下的時刻。其實老人正緩慢地走向一棟房子，他年少時的劇情，就發生在那棟房子裡。

編劇

本書之前曾屢次提到，劇本的寫作格式，編劇應謹記在心，並隨時注意技術和編劇的問題。下文中，我們將仔細研究劇本場面的標題（intitulé）[3]，並探討劇本場面標題和劇本讀者的關係，尤其是編劇和劇本場面標題之間的關係。例如：

內景—尚的公寓—夜晚

這個場面的標題由三個項目組成，是對地點的概括提示。場面標題的形式既定，內容會變化（可能是：外景—游泳池—早晨），固定置於每個場面的開頭，三個項目依序排列。

(1)第一項「內景」爲一**地點提示**項目，與「外景」相對，對象是劇本讀者，以使之準確置身情節之中。

本提示項目同時讓技術團隊預知所有「內景」，以利電影拍攝的分鏡作業。適當標明「外景」，也方便攝影師瞭解哪些場面需要有和「外景」不同的光線，然後設計出適合拍攝「內景」的燈光。

編劇為了戲劇發展，於是根據主題、氛圍和電影結構，讓內外景略微互換，不失為一策略，但絕非必要。特別選拍內景，除了推動戲劇發展外，是否也為了表現劇情、人物抑或主題呢？在羅倫斯・奧利佛（Laurence Olivier）主演的《王子復仇記》（*Hamlet*）（1952）中，主角那段重要的獨白，是在丹麥愛爾斯尼堡牆邊拍攝的外景。哈姆雷特的性格總是陰鬱不安，而本片編劇，或者應該說是文學改編編劇，會選擇拍攝外景，應該是為了配合當時哈姆雷特慷慨激昂的情緒。

(2)第二項「尚的公寓」為一較精確的**地點提示**項目，其對象為劇本讀者，例如負責分鏡的技術團隊。可以將所有發生在「尚的公寓」的場面集中拍攝，節省拍攝時間。

此一地點提示項目，使編劇在選擇場面發生的確切地點時，特別注意場面地點和主角之間的配合問題，以及所代表的主題意涵和戲劇意義。場面地點的選擇非常重要，可以輔助劇情，襯托氛圍，彰顯主題，甚至呈現主角特徵。舉例來說，在各類美國電影中，西部片的某些地點，已有固定意義，例如「大草原」、「大峽谷」，西部某個小鎮的「中央街」、「沙漠」、「店鋪」、「車站」等等。其他的地點有「空屋」、「警局」或是「車內」等等。編劇標明地點提示，比用一行對白交

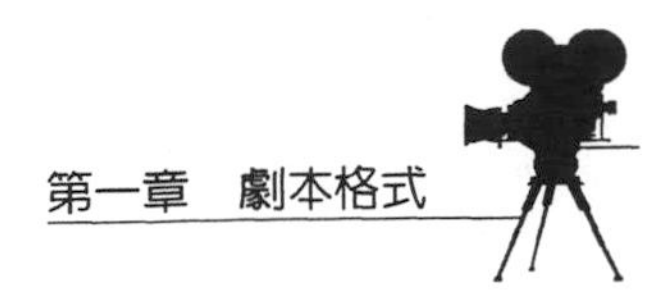

代清楚多了。

(3)第三項「夜晚」是明確的**時間提示**項目，可以將劇本所有場面一分爲二：在「白天」拍的場面和在「夜晚」拍的場面。這對攝影師特別重要。攝影師將根據提示，選擇以自然光拍攝，或是用人工照明，或是日景夜拍等等。編劇常利用本時間提示項目，製造氛圍。

寫的時候可以更爲詳細，多加變化，例如寫成「黎明」、「晚上」、「早上」、「下午」，甚至「黃昏」。假設有數個「黃昏」的場面，則攝影師會將之集中拍攝，以利燈光的調配。但是如果只有一個「黃昏」的場面，那麼攝影師要找到他希望的黃昏氛圍，並不容易，得碰點運氣；不然就要運用巧思和物資，製造出一個「黃昏」的場面。無論如何，編劇在決定時間提示項目之前，有必要深思熟慮一番：場面選在「黃昏」拍攝，對於劇情的發展，是否絕對必要？就電影主題或戲劇性來說，是否有充分的理由拍一個燈光不易處理的場面？而且全劇本僅此一場面，拍起來會不會太浪費了？

我們再度發現，劇本寫作格式，促使編劇在考慮戲劇安排的同時，亦不得不考慮技術方面的問題。

上述數例皆在強調，**劇本寫作必須要有特定的格式**。爲了深入研究劇本版面編排格式和格式的意義，本書建議和讀者一起來研究幾頁劇本。不過在開始研究劇本之前，我們必須先瞭解鏡頭、場面和段落的不同。

1.3 鏡頭，場面和段落

(1)一個鏡頭是由攝影機開機到停機，也就是從導演喊「開麥拉」到「卡」[4]之間，所有錄在膠捲上的影像所組成。爲什麼編劇不以鏡頭而以場面爲單位進行創作呢？從以上對鏡頭的定義來看，不難發現箇中原因。

(2)一個場面由一個或數個在時間或空間上有完整連續性的鏡頭組成。一個場面可以由很多鏡頭組成，比如在希區考克作品《北西北》(*North by Northwest*)[5]（1959）中飛機於曠野中追逐的場面，即是多個鏡頭的巧妙組合。也有的場面由單一鏡頭貫串全場。再以希區考克的作品爲例，在《奪魂索》(*Rope*)（1948）中，一個場面只用了一個鏡頭。有人甚至說，《奪魂索》全片僅由一個鏡頭貫串。同一場面的時間和空間必須一致。

(3)一個段落是由一連串有相同主題、相同時間，或相同空間的場面所組成。一個段落是由數個場面組成的情節單位（例如追趕、最後關鍵性的衝突、重逢等等），非常容易區分。

然而段落畢竟是用來分析的工具。在寫劇本的時候建構段落，要比看電影時破解一個段落困難得多。當一個段落的時間和空間一致時，就常常和一個長的場面混爲一談。還是以敘事

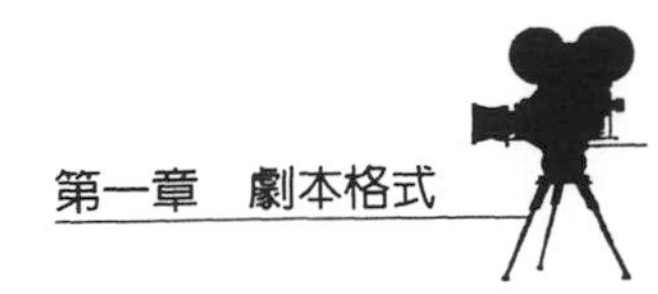

結構的角度，較容易分出劇本的段落。

1.4　分場劇本

分場劇本是目前通行的劇本形式，劇本中沒有標明攝影機提示，將保留至分鏡劇本中再標明。我們稍後會注意到，分場劇本用場面分段，每個場面的開頭通常都有標題，標明(1)外景（或內景）(2)拍攝地點(3)白天（或晚上）。

場面的標題在必要時會加上補充提示，例如日期或地點。

1.5　分鏡劇本

所謂分鏡劇本，是指原來的分場劇本，再加上所有和拍攝、場面調度相關的提示，大自主要鏡頭的概略提示，小至鏡頭所使用的焦距。在三〇年代，所有和片場簽約的好萊塢編劇，在交劇本給電影製作時，都必須寫成分鏡劇本，因此當時的編劇必須具備完整的電影拍攝、場面調度、剪接、器材、焦距和攝影等各方面的知識。導演只要負責演員的部分，把編劇寫的，一個鏡頭接著一個的拍出來就好了！分鏡劇本於五〇年代末期逐漸消失，如今好萊塢不再通行分鏡劇本，取而代之的是精心撰寫的暗示性分鏡劇本，且留待後述。

2. 劇本寫作格式

2.1 注意：如何建立前後一致的格式？

筆者建議讀者耐心閱讀下文的介紹。要瞭解劇本寫作格式並不容易。讀者應還記得，我們在前面提過，劇本的寫作格式，是爲劇本讀者設計的，對劇本讀者而言，這種專業格式不是問題。本書所列舉的劇本寫作格式，既包含筆者的專業習慣，也包括目前編劇通用的慣例。不過其他陳舊或具爭議性的習慣和慣例，還是可能出現在劇本寫作中。不論如何，劇本的讀者和編劇，必須**建立前後一致的格式，這才是最重要的**。

第一個例子呈現出劇本寫作時，會碰到的幾個困難。電影開始的第一個場面，並沒有使用外景全景鏡頭。通常編劇會用外景全景鏡頭來建構電影情境。全景鏡頭，幾乎成爲許多當代劇本必定採用的鏡頭。但使用全景只是一個慣例，也有可能會有反效果，甚至有人主張不用。

本例中的第二個場面是一個夢境，在寫作和構思時，要特別注意自然景物和地點所代表的特性。

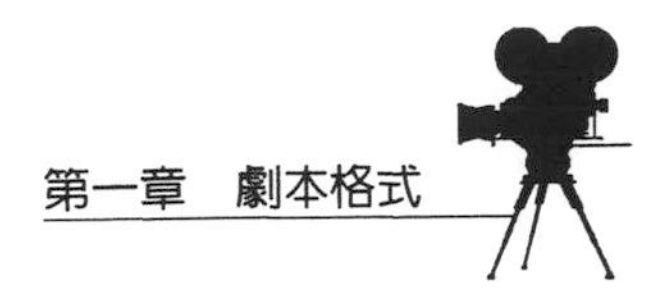

2.2　劇本寫作格式：例一

狗的兩種生活〔1〕

內景—房間—白天—〔2〕

〔3〕

一個**男人**〔4〕仰睡在一張舊床上，縐縐的被單只蓋住他一半的身軀。他的雙手充滿皺紋，厚重，交握胸前。他的腳出人意料地好看，伸出被子外，腳上的指甲過長。

晨曦剛好照在床旁邊插滿新鮮銀蓮花的花瓶上。一隻**狗**〔5〕窩在主人腿間打呼。這隻狗品種不詳，矮小，笨重，身上的鬈毛以前大概是白色的。牠短短的腳爪擺動：**多納**正在追獵物。

〔6〕

外景—草原—白天—多納的夢—〔7〕

〔8〕

我們〔9〕正貼近濃密翠綠的草叢，疾速地奔跑（**攝影機貼近地面**）〔10〕。周圍環境的大小比例對我們來說很新奇。草很高，花比草更高，我們全速前進，使得穿過的土徑，看來有如一條泥河。一隻大兔子的後部出現在我們眼前，大兔子受到驚嚇，爲了擺脫我們，跳了好幾下，消失了。

一個男人的聲音〔11〕(OFF)〔12〕出現，**聲音**奇特，我們聽不懂在他說什麼。兔子變得模糊。牠跳得愈來愈慢。**說出來的字**(OFF)構成一個短而重複的命令，我們已經可以聽懂。兔子消失。〔13〕

泰克斯

(over)〔14〕〔15〕

快去！快去！快去！〔16〕

〔17〕

綠草的景象宛如一面鏡子般破碎了。

內景—房間—白天

從夢中一躍，多納睜開眼睛。離牠僅僅兩公分近的，是泰克斯那張年過七十、滿布皺紋的臉，堆滿笑意。

泰克斯

怎麼，被你逮著了吧？

狗兒多納，四隻腳趴在主人胸膛，定定地看著他，然後開始打呵欠。牠的口氣很臭，泰克斯覺得噁心，別過頭去。

房門打開，發出**聲響**(OFF)。

多納立刻跳起，躲到床下。泰克斯則鑽進被窩。

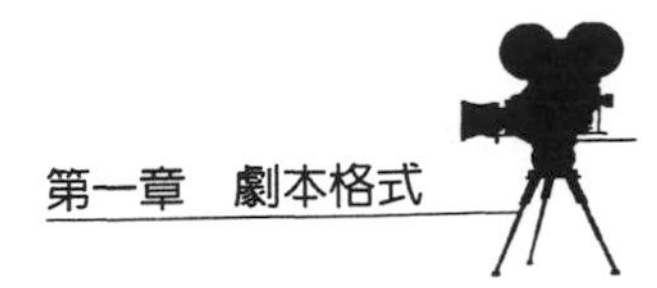

內景—房間—被窩裡—〔18〕

泰克斯緊張兮兮，躺在床上假寐。

儂西太太

（off）〔19〕

葛洪姜先生〔20〕，我早知道您醒了。

該打針了。

泰克斯動也不動。他雙眼緊閉，好像已經感覺到痛楚。

儂西太太

（off）

葛洪姜先生！看來我得用計了！

泰克斯闔上雙眼，口中唸唸有詞，在默禱。他只有咬緊牙根。

儂西太太

（off）

好啊（提高聲音）〔21〕吉勒！

內景—房間—白天

泰克斯在被子上大吼大叫，頭髮散亂。

泰克斯

不要啊，拜託拜託，不要，不要叫吉勒啊！

儂西太太〔22〕，護士，五十開外，身材高，瘦骨如柴，冷眼看著泰克斯。她調一調針筒上的針頭。

〔23〕床下，多納凝神注視護士兩隻纖瘦的腳踝，又白又直，立在兩隻又大又舒服的便鞋上。

〔24〕床上，泰克斯的屁股，由於先前幾次注射，仍呈青紫色，因害怕而緊繃。

〔25〕多納張開嘴。

〔26〕儂西太太的手開始往下。

〔27〕多納的牙齒咬住她的一隻腳踝。聽到一**聲骨頭斷裂的聲響**。

屁股不住發抖的泰克斯，望著痛得**大叫**（OFF）的儂西太太。〔28〕

結束

2.3 說明

〔1〕以法文來說，電影名稱全部用大寫，列於劇本襯頁及第一頁上方。筆者建議在襯頁列明作者姓名，作者可以將影劇作家協會，或其他組織提供作家登記作品使用的註冊編號，一同列上。

〔2〕本標題由內外景、場所和時間三個提示項目組成，全部用大寫，列於場面起始處，三個項目須按順序排列。標題各項用字簡短，必要時會在標題之後加上敘述性段落，以補述細節。

標題的第一項：**內景**，與**外景**相對。

標題的第二項：**房間**是一個明確的地點。選定的地點必須符合前項標明的**內景**或**外景**。

標題的第三項：**白天**指明時間（與**夜晚**相對）。不過本項可依場面發生之確實時間，做各種變化：如**白天**、**黎明**、**晚上**、**早上**、**下午**等等。

〔3〕在場面標題和敘述性段落開頭之間習慣空一行。

〔4〕法文劇本中，人物第一次出場時，人名全部用大寫，之後則將人名的第一個字母大寫，其他字母小寫。編劇可以使用各種不同的方法，盡量讓劇本中的人名顯眼易見。在此處，「泰克斯」應該是稱呼那個睡覺男人最直接的方法。可是泰克

斯在這個場面裡不過是個睡著的男人，在泰克斯眞正開始演出之前，不需要先指明他的身分。

除此之外，編劇最好不要爲了讓觀眾瞭解人物身分，而特地寫一個場面，讓人物相互詢問彼此姓名。

〔5〕爲什麼**狗**的字母要全部大寫？因爲多納、泰克斯和儂西太太同爲劇中人物。

〔6〕在敘述性段落結尾和下一場面的標題之間，習慣空雙行。其他空行處皆空單行。

〔7〕場面標題還有其他寫法。例如：

外景－草原－白天－

雷POV－

這種寫法強調雷的觀看角度，意謂本場面完全以雷的主觀角度運鏡拍攝。POV是英文point of view的縮寫，法文劇本中經常使用，法文縮寫爲PDV （point de vue，意謂「觀看角度」），和英文是一樣的意思。PDV通常列在場面標題的下方，例如：

外景－草原－白天－

雷的觀看角度 或 雷POV 或 雷PDV

〔8〕此處只空一行。

〔9〕前一個場面的寫作方式影響了本場面的寫作方式。根據標題指明，我們知道我們在雷的夢中。

若標題中有標明是多納的觀看角度，就不必使用「我們」，因爲攝影機的主觀以觀看角度爲準。此處使用「我們」，乃是編劇的個人喜好，可以使其作品保持形式上的一貫。

此外，使用「我們」亦在提示劇本讀者，攝影機是主觀的，我們正用狗兒多納的觀看角度觀看事物。

〔10〕這項攝影機提示項目應該要刪除。**除此之外，在寫作劇本時，通常所有的攝影機動作提示項目都應該要刪除**。如方才所見，編劇在此處使用「我們」，或強調多納的觀看角度，都在藉由文本明白告訴讀者，攝影機是主觀的，而主觀者就是多納。所以其實編劇不需要說明攝影機鏡頭所在的位置。

有人認爲這樣的寫作方式，似乎留給導演很多空間，以就其對劇本的瞭解再將劇本改編。因此，編劇新手總會在作品中，塡滿各式各樣的技術提示，註明使用的鏡頭、角度和焦距；他認爲如此一來，就將自己對電影的視野交代得一清二楚。而編導合一的編劇，也總會在劇本裡到處寫滿類似的提示。如此一來，反而會使劇情和人物顯得沈重，甚至使筆調拖泥帶水。當導演認爲編劇干預到導演的專業領域時，他就不再理會劇本中一個又一個的長短距、仰角或俯角鏡頭，只照他對劇本的瞭解去拍電影。這樣做並沒有錯。我們也從來沒想過要幫木工師傅挑選釘子和木材的質料吧。

不過，有一種劇本寫作方法，大可以幫助編劇向導演建議他自己的觀點，卻不給人強迫的感覺。這種劇本叫做暗示性分鏡劇本，我們將在本書第36頁作說明。

〔11〕在法文劇本中，所有**聲響**、**音樂**或任何其他音效全部大寫，即使在上下文中亦不例外。

〔12〕OFF是OFF-SCREEN的略寫，就是**畫外音**的意思。也就是說，聲音的來源，比如一個聲響或一段對白，出自該場面，卻不在畫面上出現。OFF一定要用大寫標出，每有畫外音的狀況，就必須標上OFF。人物在畫外音的時候，不會出現在畫面上，卻仍在同一場面裡。

編劇一定要在敘述段落中，寫出當觀眾聽到人物畫外音時，在鏡頭中看到的是什麼。在這裡，我們看到的是一隻兔子。

〔13〕場面敘述結尾處和人物名稱之間空一行，人名全部大寫，標在行中央。

〔14〕人物名稱和人物表演／聲音提示之間不空行，人物表演／聲音提示的位置偏左，會加上括弧。

〔15〕**OVER旁白**和**OFF畫外音**不同。OVER代表音效（比如一個聲響或一段對白）的來源不出於該場面。若我們認定泰

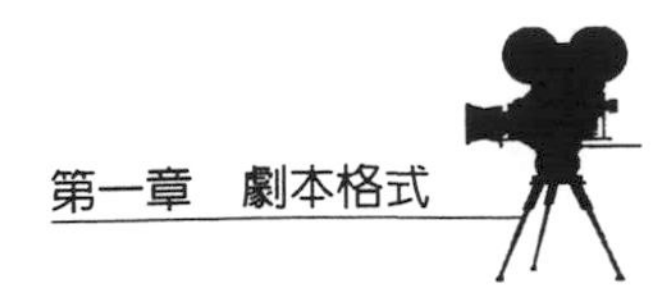

克斯沒有出現在多納的夢中，以此推斷泰克斯不在該場面中，似乎頗爲合理。他的聲音從另一個時空進來，不屬於當下場面的時空。在這種情況下，編劇參照劇本寫作慣例，用OVER表現此一效果。

在此，我們必須仔細研究編劇通常用來區別聲音的幾個術語。這些術語有英文、有法文，遭到任意使用，造成極大的混淆。

其實，OFF法文翻成HORS-CHAMP（畫外音）非常正確，可是常見到法文劇本裡，OFF卻變成**旁白**的意思，其實**旁白**的英文，應該是OVER。法文HORS-CHAMPS和英文OFF-SCREEN，意思完全相同，在法文劇本中，怎麼會變成各有所指？

OVER是VOICE-OVER（旁白）的略寫，功能顧名思義（當聲音、對白、聲響或音樂不出自該場面時使用），有時在法文劇本中出現，多被誤用。

筆者並不是要規定術語一律使用英文或一律使用法文，而是試圖在現行通用的術語中，加以整理，使讀者比較容易瞭解劇本。

從上所述，可見法文劇本中既存的用語，法、英文混用，使用失當；儘管如此，我們還是從中歸結出以下幾個共同點：

★IN（爲什麼要用in？）表示影音同步，這個術語不會在劇本中使用，不過在分析電影敘事的時候會用到。

★HORS-CHAMP表示聲音來源出自該場面，卻未出現在鏡頭上。

★OFF表示聲音來源不出自該場面；其實正確的用語應該是OVER。

英文術語的使用原則爲：

★OFF（OFF-SCREEN畫外音）表示聲音來源出自該場面，卻未出現在畫面中。

★OVER（VOICE-OVER旁白）表示聲音來源（聲響、對白、音樂）不出自該場面。

爲求統一，筆者使用英文術語。OFF（OFF-SCREEN = HORS-CHAMP畫外音）和OVER（VOICE-OVER=VOIX PAR-DESSUS旁白）將繼續在後文中出現。編劇當然也可以使用法文的同義術語，如以HORS-CHAMPS代替OFF，以VOIX-JE代替OVER。

〔16〕對白和演員表演／聲音提示之間不空行，起始處略偏左，自左至右寫，人物名稱位於中間位置。

〔17〕對白和敘述段落之間空一行。

〔18〕雖然場面其實發生在同一個房間，但此處再起一個場面標題，原因是：攝影機位在泰克斯的被窩裡，編劇可以將之視為獨立於房間以外的另一個地點。

〔19〕使用OFF表示說話的人物仍在同一場面。畫面中，儂西太太只聞其聲未見其人。

〔20〕在法文劇本中，人物名稱在對白中從不將全部字母大寫。

〔21〕有些極短的表演提示，可以安插在對白裡。如果需要較多解釋文字時，編劇應在敘述段落中說明，以保持對白的流暢。

〔22〕下一個場面，由若干短鏡頭組成，進行快速。此處使用暗示性分鏡的寫法。注意，每個鏡頭之間都空一行。

〔23〕**暗示性分鏡**開始。編劇不須加註攝影機提示來顯現多納。

編劇新手通常很難不在劇本中加註鏡頭推、拉及其他攝影機升降和推軌等等攝影機動作提示，他們認為唯有如此才能表現出劇本的視覺性，以平衡敘事的文字性。有時編劇會堅持主角必須以側面入鏡，或者於場面中只看到主角的腳，甚至主角隨手從十一樓窗口丟出去的煙頭，都要用攝影機同步跟拍，直到掉到地面為止，而且窗外還要下著傾盆大雨。這種種不禁令人發噱：對主角如此的密切關注，已經偏離了編劇的本分。編劇左思右想那些其實他並無力插手的技術問題，卻偏離了故事的軸線，主題崩塌，人物空泛，對白索然無味，這時則主角不管以正面或側面入鏡，都不再有任何意義。

倘若編劇要對拍攝鏡頭提出建議，其實有個非常恰當的辦法，就是運用**暗示性分鏡劇本**寫法。之前我們已經大略提過。

顧名思義，暗示性分鏡劇本的寫法，是將分鏡訊息在字裡行間傳達出來，使導演在拍片時，不必仰賴攝影機角度、焦距或其他技術手法的提示。就算編劇使用這種寫作方法，也不能保證他所寫的會一鏡不漏地拍出來；編劇可以「引君入甕」，聰明又不露痕跡地引導導演選定他所設想的來拍。暗示性分鏡的寫法有兩種：

★以劇本格式本身來表現分鏡。例如《狗的兩種生活》的編劇，寫到最後一個場面時，每換一個鏡頭就空一行，表示一連串的固定鏡頭：首先是床鋪上的鏡頭，有泰克斯、護士和針筒，接著是床鋪下的鏡頭，有多納和儂西太太的腳踝。在這一場戲裡，針筒和多納的利齒之間，存有一種趣味的關係，是導演必須凸顯的地方。

★不仰賴劇本格式，單單運用寫作技巧，也可以暗示導演如何選擇鏡頭的焦距。舉例來說，在某一劇本裡，我們先看見娜汀從遠處走近一間擠滿學生的教室，然後劇本

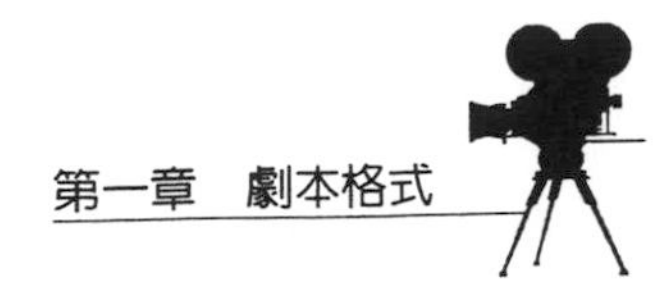

下一行立刻描述娜汀眼睛的顏色，如此讀者會感覺攝影機彷彿靠近了女主角。至於攝影機如何靠近女主角，則有多種可能。既然發生在同一個場面，導演可以直接切換鏡頭，或使用伸縮鏡頭，或運用一系列的攝影技術配備來表現這一段。這些技術問題，編劇不可能持續考慮。

〔24〕〔25〕〔26〕〔27〕表示特寫鏡頭或近距離鏡頭。

〔28〕本場面從床下移回房間。我們一直沒有離開房間。場面既然都在同一個房間發生，雖然有移動，也不需要再另起場面了。

第二個例子可以幫助讀者加深對劇本格式的認識。例中如果出現解釋過的術語或狀況，將不再重複。

2.4　劇本寫作格式：例二

重逢

外景—歐斯德理車站月台—白天

人潮從**貝內蒂**身邊走散，她站在月台中間不動，擋到了經過的每一個人。中等身材，四十開外，有活力，面色嚴肅但從容不迫，著牛仔褲和套頭毛衣，黑色尼龍製的束腰雨衣被雨淋得啪啪作響。她不時被匆忙乘客的行李或手肘碰撞。貝內蒂對此置之不理。她唇邊帶著微微笑意，眼睛注視著即將搭乘的火車名稱：**卡皮托利號**。〔1〕

火車開動。〔2〕

貝內蒂抓起小旅行袋，跳上車階。〔2〕

內景—火車—走道

貝內蒂穿過卡皮托利號一個個的車廂。
已經坐定的乘客不耐煩地瞄了她一眼，又繼續做自己的事。
貝內蒂走到分隔小間。她舒了一口氣，找到預訂的頭等座位，沒有人在位子上，她於是坐了進去，迅速安頓好，坐靠窗，看著雨水拍打車窗玻璃。
她闔上雙眼。〔3〕

INT〔4〕—**分隔小間—稍後**—〔5〕

雨停了〔6〕。貝內蒂頭靠著窗，在打盹。

INT—分隔小間—稍後—〔5〕

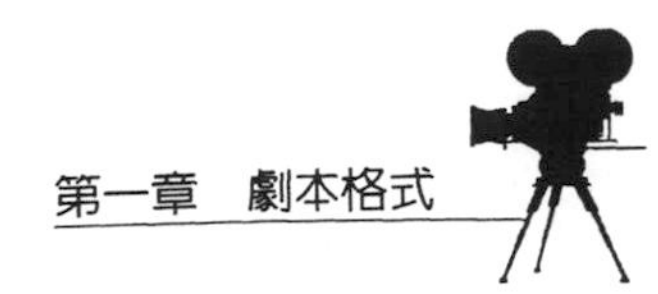

貝內蒂打盹時〔6〕，分隔小間又進來另外三位**乘客**：一名**女子**，衣著合宜，中產階級。身材高瘦，四十若干，配戴素雅首飾，儘管臉部線條剛硬，卻還留有少女時淘氣的痕跡。她看起來不快樂，在想事情；**一年輕男子**，二十五歲，好像從來沒坐過頭等座位，頓時被周遭的舒適迷惑住了；**一小女孩**，十二歲，獨自一人，身著深藍色制服，神情嚴肅，令人感覺難以捉摸。

火車驟然減速進站。連續的晃動把貝內蒂搖醒了。她迅速地向四周掃視一下，又轉向車窗；這時，她突然注意到另一位女乘客，閉著雙眼，還在睡。貝內蒂端詳了一陣子，才慢慢認出她來。貝內蒂又驚訝、又激動，雙手舉起掩面。

貝內蒂

（聲音剛好聽得到）

Oh my God !

她從位子上坐了起來，看著這位女乘客。

FLASH-BACK〔7〕

EXT—**河**—**白天**

水下—〔8〕

來自上面的光吸引我們〔9〕。我們慢慢游向光源，冒出水面，看到那位女乘客蹲在河邊一塊石頭上。她十三歲，臉上滿是嘲笑的表情，隔著水看，她的臉變得支離破碎。她向我們伸出一隻手。她的嘴在動，說著話，我們聽不到她說什麼。

另一隻手，濕的，在抽搐，迸出水面，抓不住那位女乘客伸過來的手。〔10〕

貝內蒂，十四歲，又掉回水中，因爲外衣吸水，身體變重，教她掙扎了一陣子。水很舒服。貝內蒂不再掙扎，讓身體漂起來。

日光射入眼簾，她仰慕地望著女乘客年輕的臉龐，她那金色的髮髮在腦袋四周形成一圈光暈。

嘈雜的聲音（OFF），混合年輕女孩相互嬉鬧、激動的笑聲和歌聲。

女人

（off，命令的口氣）

貝內蒂！貝內蒂・阿維耶！

快上岸！

女乘客把臉轉向女人。

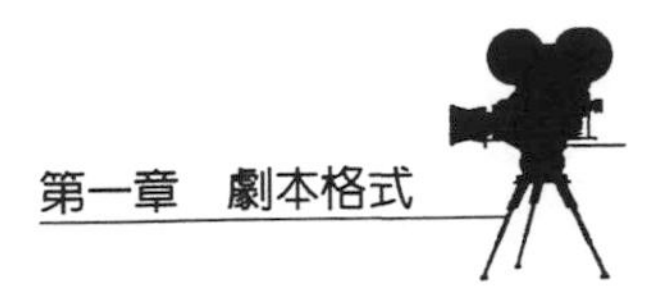

女人

（off，命令的口氣）

歐黛來了！快拉她一把！

歐黛一臉不耐煩，轉向溺水的女孩。

看到朋友冷淡的表情，貝內蒂笑不出來了。

女乘客

（成年人聲音over）〔11〕

貝內蒂？

回到現在〔12〕

INT－**分隔小間－ 晚上－**

女乘客歐黛，定定地看著貝內蒂。

歐黛

貝內蒂？

貝內蒂睜開眼睛，對她微笑。

歐黛

你怎麼會在這裡？不會吧！

眞的是你嗎？

貝內蒂

（笑）〔13〕

當然囉。

歐黛看著她，驚訝地愣住了。貝內蒂說話略帶英文腔。〔14〕

歐黛驚訝地說不出話來，她向四周張望，手足失措。

年輕男人和小女孩看著這兩個女人。

歐黛

少說有二十年了！

貝內蒂

應該有三十年囉。你都沒變。

到哪裡我都認得。

歐黛

我可認不出是你！（她非常興奮）

我大概是聽你的口音認出你的。眞沒想到！

貝內蒂

這幾年我沒什麼機會

說法文。

（停頓）你還好嗎？

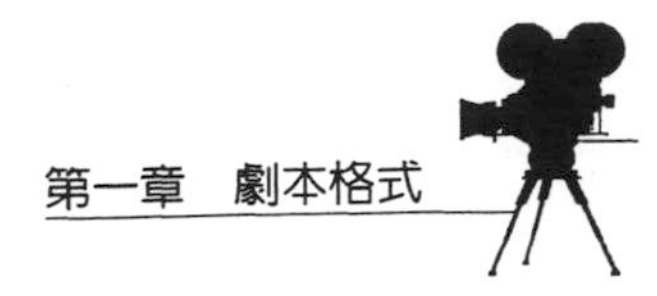

歐黛

好啊，好得很呢。

貝內蒂微笑，搖搖頭。

這兩個女人靜靜地看著對方，不知該說些什麼。兩人不約而同地爆出既尷尬又愉快的輕笑。

歐黛

你這是哪裡的口音？

貝內蒂

美國口音。

歐黛

美國口音啊？

穿制服的小女孩聽到這個大好消息，屏住呼吸。她張著口，瞪大了雙眼，看著這位美國來的女士。

外景—美國西部—日落—（STOCK）

〔15〕〔16〕

靜默中，我們幻想騎著馬，向大峽谷的岩石和山峰前進。畫面上看不到馬，也看不到騎馬的人。天空是紅色的。

內景－分隔小間－白天－

這兩個女人看著穿制服的小女孩。

貝內蒂

（對小女孩說）

吸一口氣！吸一口氣呀！

小女孩緩緩地吸進西部蠻荒之風，闔上了嘴。

結束

2.5 說明

〔1〕編劇此處運用暗示性分鏡的手法，輕描淡寫，不留痕跡。文中暗示導演先給人潮一個全景，然後再把鏡頭帶向正在看火車名稱的貝內蒂的眼睛，中間過程非常流暢。不過編劇並未再深入細節，他只是提議而已。

〔2〕先空行再起新鏡頭。其實，空行除了讓劇本讀起來輕鬆有節奏之外，並不能確定導演使用的拍攝手法：導演拍攝這個場面，可能只用一個適當焦距的長鏡頭，或一個移動鏡頭，或運用連續的正向畫面和反向畫面來處理。

〔3〕這裡寫得比較疏鬆，編劇暗示導演使用一連串的短鏡

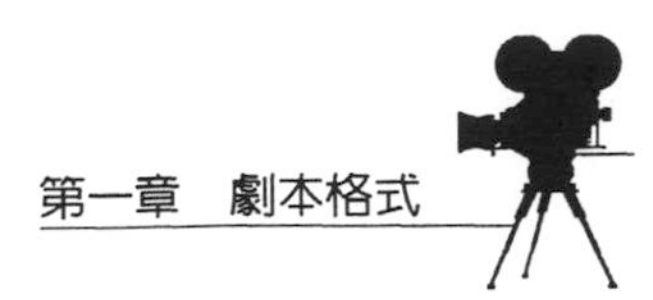

頭，使劇本讀者能很快瞭解內容，並擁有人物動作的清晰影像。

〔4〕法文劇本中，**內景**通常寫成INT。

〔5〕既然拍攝場面地點不變，有必要特別註明**稍後**嗎？不錯。因爲劇本讀者在閱讀下文之前，必須知道即將映入觀眾眼簾的影像，和之前的影像，中間已經過了一段時間，我們稱之爲**時間省略**。

〔6〕此處用過去完成式表現時間省略的手法。劇本書寫時態通常都使用現在式，類似的例子頗爲少見。

〔7〕FLASH-BACK（倒敘）：是一段敘述過程，打斷敘事的次序，使劇情回到故事的過去，說明之前發生的事件。法文翻成RETOUR EN ARRIERE。在劇本上標明FLASH-BACK，是爲了讓劇本讀者知道其所在的確實時間和空間屬於倒敘；對電影觀眾則不用指明，因爲透過影像的描述，加上導演的精心設計，觀眾遲早會發現電影在倒敘。本例中的倒敘回到二十五或三十年前，當時兩個主角年方十三。請注意，觀眾要等看到少女貝內蒂的臉時，才恍然發現電影正在倒敘。另一種表現倒敘的作法，是註明情節發生的年代，例如：外景一河流一白天一1965年夏天。就本例而言，這種處理方法，對觀眾來說，眞是既偷懶又缺乏創意。

〔8〕寫出「水下」只是爲了說明攝影機的位置。

〔9〕……因爲立刻用「我們」，表示攝影機是主觀的。其

實這個時候我們並不知道攝影機屬於誰的觀看角度。這大概是爲什麼編劇一開始就指明攝影機位置的原因吧。

〔10〕利用空行和寫作技巧，使攝影機恢復客觀角度。

〔11〕本場面發生在約莫三十年前，而女乘客成年人的聲音不屬於本場面，因此編劇用OVER來表示。歐黛的聲音彷彿進入過去，喚起貝內蒂的回憶，同時又把我們拉回現實。

〔12〕這項說明表示倒敘部分結束。

〔13〕編劇寫給演員的表演／聲音提示，都會加上括弧，由中間向左偏五個空格。請大家注意，這個演出提示，有其標明的必要，因爲在人物的對白中，並沒有特別顯示人物在微笑。

〔14〕歐黛的驚訝表現，帶得很好；不過，電影觀眾早在這句話之前，就聽到了貝內蒂說話的口音，所以編劇應該早一點在敘述段落中，或在貝內蒂第一句台詞的上方，註明（英文口音）。

〔15〕這個場面既不是**倒敘**，也不是**前敘**（先敘述未來發生的事），而是小女孩的想像，以她的觀點，另起場面。從下一場面來看，可以確定小女孩的想像，就是本場面的觀點。

〔16〕Stock常用來向劇本讀者、導演，特別是製片等人表示本場面所費不貲，將用購買的方式獲得，不會赴實地拍攝。

劇本版面編排的原則，現在已經說明清楚；接下來的章節要談的是劇本編劇的課題。

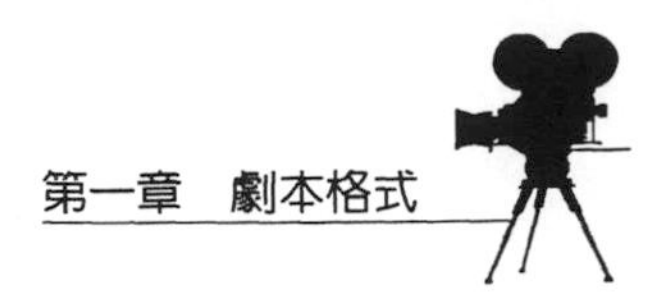

註釋

1「獨立製片」是現在類似片場的製作公司，望文可知其欲擺脫片場的初衷。

2 “reader”（讀稿）負責審閱從經紀人方面獲得的劇本。

3 場面標題的英文是slugline。法文intitulé只是近似詞，方便使用而已。

4 André Gardies, Jean Bessalel, *200 mots-clés de la théorie du cinéma*, Cerf, 1995.

5 同上。

第二章
劇　　　情

企圖就是內容。

歐莫斯（Edward James Olmos）／演員

1. 從構想到主題

1.1 敘事傳統

劇本構想從何而來？說來頗不合理，但編劇通常對劇本構想的來源不怎麼在乎，只要有一個念頭浮現就欣喜若狂了，管它從哪裡來。只有影評人和分析家，才會在看過電影以後，一派從容不迫，倒過來整理出作品中糾結複雜的頭緒。寫作的構想，仰賴編劇豐富的想像和多樣的靈感來源，神秘地誕生；不論如何解釋，亦無法參透。想像力很難找到原則，但是靈感來源卻可以分析或仔細清查。正因如此，編劇更應該多關心這個課題，因爲不論編劇有心或者無意，他靈感的來源，都是出自人類經驗中一系列共同的基礎，進而且在不同的文化中發展成敘事的傳統。

敘事傳統是一部「口傳故事」的漫長歷史；「口傳故事」是由講述出來的故事內容所構成。故事內容以我們的文明經驗爲基礎，經歷數個世紀的口傳後，增枝添葉，衍生出神話、典型和特殊的敘述結構。其中，敘述結構還會受到各種社會、政治和經濟狀況的影響。西部片、劇情片、黑色電影、歌舞片等

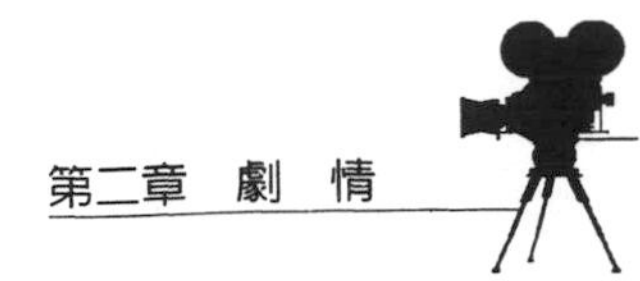

類型電影，現在都已納入敘述傳統之內。電影編劇猶如一位說故事的人，在敘事傳統中汲取養分，以促進敘述者和聽眾之間的回響，建立兩者間的關係。

除此之外，電影編劇研究敘述傳統，可以獲得幾個既基本又實用的觀念：

★編劇將對影響自己靈感來源的本質有所意識，如此一來，他才能更深入瞭解自己心中主題的本質。

★編劇認識敘述傳統的母題之後，方能拿捏敘述傳統對作品的影響。

★編劇得以按部就班，從主題到劇情，再從劇情到故事，一步步地發展。

1.2　傳說：敘事傳統要素

代代相傳的傳說，對現代故事具有強大的影響力。約瑟夫・坎貝爾（Joseph Campbell）是最早發現這個事實的學者之一，其著作《千面英雄》（*The Hero with a Thousand Faces*）中所論述之〈一人英雄傳說〉（héros mono-mythique）模式，不論在哪一個文化或時代中，都可以發現；這個模式具有變化無窮的表現方式，但基本結構並不改變。坎貝爾認為，不論在哪個時代、哪個地方，都有描寫英雄式主角展開處女行的主題：

他受到來自族群、國家和家庭以外的召喚，或被驅逐出來，於是開始流浪漂泊；在途中遭遇種種苦難、贏得數次戰鬥後，返回故鄉與故人共享其成。坎貝爾強調，傳說故事中的英雄，通常都是某個遲暮國王的棄子。

早在坎貝爾之前，英國人類學家詹姆士・弗瑞哲（James Frazer）就已經試圖在其著作《金枝》（*The Golden Bough*）中，論證一人英雄傳說和原始部落豐收祭禮、季節交替之間的關聯。弗瑞哲指出，所謂春回大地，才能保證年年豐收、部落瓜瓞綿延的概念，和年少主角遠離家鄉，在異地接受歷練成人後，返回故地，繼承年老力衰父親的故事，是同樣的道理。主角返回故地，象徵部落對己身命運的深切期望。許多著名的傳說，都是根據這個基本的故事架構形成的，例如耶穌和佛陀的傳說。

一九九三年，克理斯多夫・渥格勒（Christopher Vogler）出版了《作家之旅：說故事的人和編劇所使用的傳說結構》，截稿前尚未在法國出版。渥格勒重讀弗瑞哲的《千面英雄》，以當代劇本寫作的角度，將英雄式主角出外遊歷的過程分析成幾個階段。渥格勒的分析方法也許像是在說教，不過結果卻頗具意義，因爲分析出來的結果，非常適用於一般西方劇本的創作。渥格勒分析出主角經歷的各個階段，從中可清楚地發現，故事的情節，大都以衝突、戰鬥和贏得勝利三部曲爲基礎。

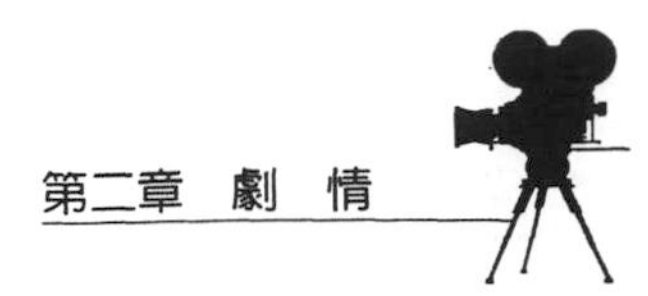

以下所列的十二個階段，通常又被分成三幕，形成三幕結構。三幕結構是當代編劇的基本要素，留待後敘。

(1)平凡世界。

(2)離家遠行的召喚。

(3)拒絕召喚。

(4)路上遇到朋友、貴人、嚮導。

(5)跨越第一道門檻。

(6)與盟友或敵人相遇。

(7)深入異域。

(8)最大的考驗。

(9)報償。

(10)歸途上。

(11)起死回生和諒解。

(12)返家。

並非所有劇情都一定要包含上述的十二個階段；偶爾會少掉其中幾個階段，或者隨劇情、人物的需要而有所改變。不過大體來說，敘述性的故事，尤其是當代敘述性的故事，都有著同樣的主題。

有好幾部電影的主題，都清楚直接地表現主角出外遊歷的傳奇故事，如黑澤明的《戰國英豪》（1958）、喬治・盧卡斯（Georges Lucas）的《星際大戰》（*Star Wars*）（1977）、泰瑞・

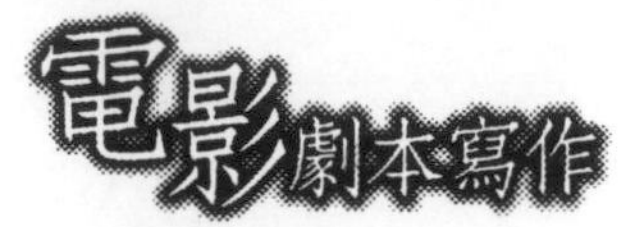

吉廉（Terry Gilliam）導演的《奇幻城市》（*Fisher King*）（1991）〔本片編劇李察·拉格文尼斯（Richard LaGravenese）使用釣魚王的典型〕，也在在印證出大多數的當代電影，多少都反映出坎貝爾所謂主角遠行的傳奇故事。不過這些電影作品，卻是在迥然不同的文化背景和社會經濟環境下，分別產生。再舉例來說，《與狼共舞》（*Dance With Wolves*）（1994）、《恨》（*La Haine*）（1995）、《十二隻猴子軍團》（*Twelve Monkeys*）（1995）、《學徒》（*Les Apprentis*）（1995）、《非強力春藥》（*Mighty Aphrodite*）（1996）、《蘿絲》（*Rosine*）（1994），還有《時空急轉彎》（*les Visiteurs*）（1992）諸片，姑且不論其作者有心抑或無意，皆爲可謂其中極佳典範。

接著我們就來研究《與狼共舞》的故事結構：

(1)平常世界：編劇麥可·布拉克（Michael Blake）將故事主角頓巴中尉置身於一個受戰爭摧殘的世界，一個動亂的世界，暗喻西方白人世界。這個教人無法忍受的世界，逼得主角幾乎走上自絕之路，後來他逃離了這個世界。

(2)歷險的召喚：頓巴要求啓程前往即將消失，傳說中的「邊界」。

(3)抗拒召喚：邊界的各種醜惡，很快地就暴露出來。守衛最靠近邊界崗哨的長官法伯勞少校，在祝福上尉一路順風後，舉槍自盡。帶領頓巴前往要塞的西蒙，是個懦弱卑鄙的

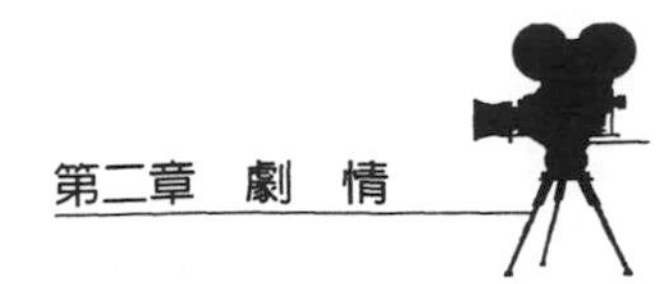

人，他說：「死了的印地安人最好。」反映出西方文化的某種心態。頓巴進駐要塞，清理了被白人士兵弄髒的河流，加上西蒙在歸途被印地安人所殺，頓巴與軍隊失去聯絡，他才開始感受到蠻荒野境的寧靜和優美。編劇延長了頓巴孑然一身，自我澄淨的段落。

(4)遇到朋友、貴人和嚮導：頓巴第一個遇到的就是孤狼「雙襪」。後來，頓巴來到荒涼的要塞，除了和座騎神駒相依為命，又把雙襪養在身邊。不久，雙襪警示主人有外人入侵，原來是蘇族人「踢鳥」。踢鳥瞥見這個一絲不掛的白人，遂躍上馬背溜了。

(5)跨越第一道門檻：踢鳥的養女「站立舞拳」因為死了丈夫，企圖自殺，被頓巴救回蘇族部落。

(6)遇到盟友或敵人：頓巴趕往印地安部落，通報有野牛群的好消息。結果卻發現數以百計的野牛遭到屠殺，殺野牛的人只剝去野牛的皮。頓巴感受到屠殺的恐怖。

(7)深入異域：頓巴深入印地安人的生活，和族人一起獵野牛，生吞還冒著熱煙的牛肝。這個段落頗長，包含許多事件：頓巴學習蘇族的語言；他和踢鳥、「飄髮」的情誼更加深厚；他說起白人進入的經過，而老酋長相信印地安人一定會打勝仗，就像老祖宗把南來的西班牙人趕走那樣。本段落結束時，頓巴有了一個印地安名字，叫「與狼共舞」。

(8)最難的考驗：蘇族人獲知有一幫波奈族人即將來襲，決定先攻爲快。踢鳥要與狼共舞留下來守營，並保護他的養女。年輕女子與中尉獨處了幾天。後來與狼共舞返回要塞，在日記上寫下：「我愛站立舞拳。」然後簽上自己的印地安名字。最後，波奈族人進攻蘇族，與狼共舞領軍，有效地抵禦敵人，這是與狼共舞爲印地安人領軍的第一場戰役：「這不是一場爭奪領土，劫掠錢財或解放人民的戰爭。打這場仗，只是爲了守衛冬季的食糧，保護婦孺。我覺得好驕傲……頓巴從來就是個無名小卒，但當我聽到自己的蘇族名字自四面八方響起時，我終於找到了自己。」

(9)報償：與狼共舞娶得站立舞拳。他可以說是被印地安人同化了。

(10)歸途：儘管這一段諷刺又殘忍，不過和坎貝爾提出的故事結構相距不遠。與狼共舞啓程返回要塞，並不是要把他的新交介紹給舊識，而是要把日記拿回來，因爲假使日記落入白人手中，將會有大難臨頭，他會受到雙重懲罰：既落入白人的監牢，又會被印地安人視爲叛徒。象徵蠻荒野境的野狼雙襪，與代表文明的座騎神駒，亦將雙雙遭到屠殺。

(11)起死回生和諒解：與狼共舞落入白人同胞手中，就在生死邊緣，蘇族人前來搭救，與狼共舞和族人一起離開，走向更遠的屬地。

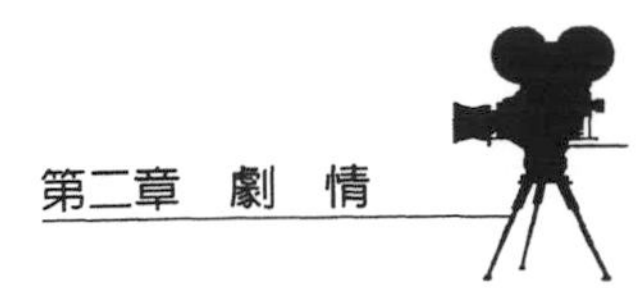

(12)返家：與狼共舞回到印地安部落。爲了不讓族人的生活受到威脅，與狼共舞帶著懷有身孕的妻子，離開族人。在片尾字幕中，我們得知蘇族人又多倖存了十一年，最後仍被白人殲滅。

1.3 其他敘事傳統要素

除了傳說故事外，敘事傳統還包括其他要素，在此我們舉出典型、社會政治事件和審查制度來做說明。

典型是指在各種傳說故事中，反覆出現的人物或象徵。不論故事形成的年代或文化背景爲何，典型總是持續不斷地在其中出現。卡爾·瓊恩（Carl G. Jung）認爲，典型是長久以來重複出現的人物特質，屬於人類整體遺產，在群體的無意識中產生。當電影從單純的記錄片發展到劇情片時，典型通常化成人物，出現在電影中。童話故事中充滿了典型。例如狼、老祖母、後母、獵人、善良的仙女、巫婆、王子、公主等等，都是反覆在故事情節中出現的人物。瞭解這些角色的功能，可以推動情節的發展。渥格勒把典型分成七大類：英雄、智者、渡過難關的守護人、使者、蒙面人、雙面人和“trickster”[1]（騙子）。

社會政治事件從前就影響過電影的主題。《追捕逃犯》（1941）就是以反納粹運動和恐懼希特勒獨裁統治爲電影的主題。《大幻影》(*La Grand Illusion*)(1937)以和平主義爲基調，傳播反戰思想。《光榮之路》(*Paths of Glory*)(1958)是一紙對大戰軍事作戰的控訴狀。較近期的《以父之名》(*In the Name of the Father*)(1993)片中強調，即使到了違背司法制度的地步，司法還是要維持正義。當然像《恨》、《房東清點公寓》(*Etats des Lieux*)(1994)、《狂飆少年》(*Bye Bye*)(1995)、《皮嘎勒》(*Pigalle*)(1994)或是《蘿絲》(1994)等電影，都將許許多多現今的社會問題，比如失業、無家可歸、孤獨等等，搬上銀幕。《學徒》一片，在嘻笑的背後，其實是要探討對一份友情的企求，以及即使得到了，也不能解決所有問題的無奈。

審查制度曾對電影主題產生豐富的影響：因爲審查制度的存在，使得一些被認爲不堪或「政策上不宜」的主題，用巧妙的諷刺和微妙的敘事方式表達出來。從過去到現在，電影審查有若干種類，茲擇三種說明如下：

(1)極權制度下的政治審查：極權制度常在無意中助長了一些雖然合乎規定卻充滿諷刺的作品誕生。比如捷克導演米洛斯・福曼（Milos Forman）的作品《消防隊員的舞會》(*Hori Ma Penenko*)(1967)片中，以一場舞會，巧妙又戲謔地暗喻共黨政府的無能。當一個制度不允許言論自由的時候，自然就有禁忌，禁忌在編撰故事時扮演了很重要的角色，爲了不觸犯

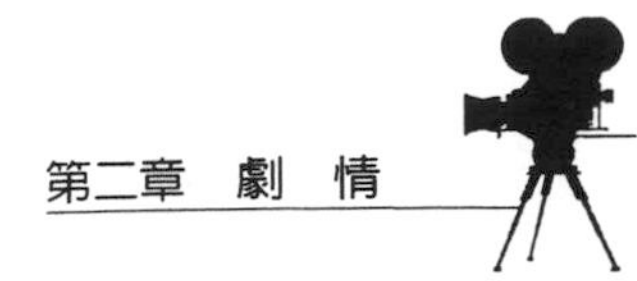

禁忌，電影會將故事仔細地包裝起來。

政治審查在其他政治制度下照樣存在。比如《日正當中》（*High Noon*）這部片，在民主制度下完成，運用通俗典型的西部片類型，敘述一個好人被周圍所有人遺棄的老故事。然而劇情迅速轉以暗喻的方式進行。因爲五〇年代時期，美國參議員麥卡錫（Mac Carthy）領頭緝捕共產黨員，曾殃及許多好萊塢的編劇和導演。

(2)經濟審查：經濟審查的標準在於電影的市場利益。《死吻》（*Kiss Me Deadly*）（1955）、《野牛比爾和印地安人》（*Buffalo Bill et les Indiens*）（1976）、《小巨人》（*Little Big Man*）(1969)、《失嬰記》（*Rosemary's Baby*）(1968)和《鬼店》（*Shining*）（1980）等片，雖然都曾爲了票房而修改劇本，卻沒有因此失去電影的初衷。

(3)道德審查。各種壓力團體施壓，曾經禁止過像《修女傳》（*La Religieuse*）（1955）、《基督的最後誘惑》（*The Last Temptation of Christ*）（1988）等電影上映。猶憶及三〇年代，好萊塢自行發起的海斯自律法規，其影響之程度，隨著社會風氣的改變，終於在六〇年代後期廢除。

1.4 主題

每個編劇在創作時，必然會受到上文所述及一些個人及文化因素的影響；然而，要如何從原始構想發展出主要思想，從主題發展出劇情來呢？

「主題」是指故事的目的。主題是作者想說的故事，也就是故事的情節。故事的主題是情節和人物，也就是會發生什麼事，以及發生在誰身上。

故事主題依來源可分爲下列兩類：

★外來主題。

★內發主題。

編劇最好能意識其主題的來源，本不待多言。

不屬於個人經驗的主題

故事的來源取自例如改編小說、眞人眞事、災難事件、家族史等等，所有非發生在個人身上的事，其數不勝枚舉。

處理這一類的主題時，編劇必須展開研究（比如研究故事人物），方能掌握故事以及所有戲劇參與分子的物理、情感和心理等各個層面。許多編劇都認爲，和他們自身經驗迴異的主題，最爲豐富。

《虎豹小霸王》（*Butch Cassidy and the Sundance Kid*）（1968）的編劇威廉・古德曼（William Goldman），曾實際調查小霸王（Kid）這個人物：小霸王眞有其人，名喚哈利・朗

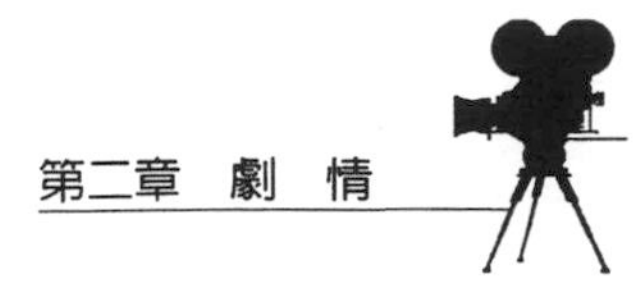

伯（Harry Longbaugh），他的人生結局悽慘，最後在玻利維亞潦倒而亡，這和勞伯・瑞福（Robert Redford）所飾身手利落的盜匪，相距甚遠。費蘭（Anna Hamilton Phelan）在撰寫《迷霧森林十八年》（*Gorillas in the Mist*）（1988）劇本時，親自前往盧安達，在女主角黛安・弗西（Dian Fossey）生活過的叢林中，待了好幾個月。而《恨》的編劇兼導演馬修・卡索維茲（Mathieu Kassovitz），從未在巴黎近郊住過，更不要說《就在您家附近發生》（*C'est arrivé près de chez vous*）（1992）的共同編劇暨演員波埃伍德（Benoît Poelvoorde），也從來沒有用來福手槍勒索他人，不過他們都曾經仔細參考相關資料。

觸及個人經驗的主題

這一類的主題困難重重，其中最常發生的問題，無疑就是缺乏客觀；因爲主題和我們情感和心理所有的經驗相似，能激起我們的想像，使我們受感動，卻也讓我們丟掉了邏輯和公正。難以理解的人物，不存在或不眞實的劇情，空泛的對白，做作的聲調，都是自傳電影常犯的幾個毛病，因爲編劇未能和敘事體保持距離。再說，以個人經驗事件爲基礎的編劇新手，極可能不做任何研究調查，因爲他自以爲瞭解主題。

不過，通常我們還是會建議編劇新手先從自己的經驗下手，或者根據自己身邊的人物來創作。難就難在如何將個人經歷寫成共同經驗。風格截然不同的費里尼和伍迪・艾倫兩人，他們大部分的作品，都證明了這是可以做到的。

但是要如何讓個人經驗獲得全體共鳴？這就是敘事傳統的用處了。瞭解敘事傳統後，我們就可以將自身經歷中令人感動的部分，運用敘事傳統向外推展，以和他人產生共鳴。

2. 從主題到劇情

劇情是由一組事先挑選過、並決定好順序的連續場面所構成的。此外，劇情亦可說是由一連串的動作、事件和對白所組成的。

2.1 建構劇情

編劇先從主題，也就是故事的目的來著手。編劇現在要借助專門的戲劇要素，來建構他的劇情。

舉《春風化雨》(*Dead Poets Society*)(1989)編劇湯姆・休曼(Tom Schulman)爲例，他的基本主題是一個激烈的人物性格，是他在自己中學時代一位戲劇老師的身上找到的。剛開始撰寫劇本的時候，主角奇汀老師，完全是中學戲劇老師的翻版，一副叨叨不休的形象。但是光靠休曼自己寫的一長串抑揚

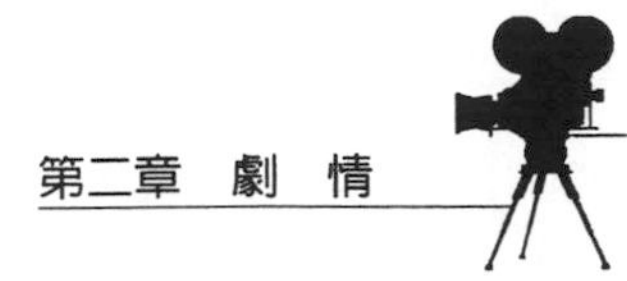

頓挫、精彩絕倫的對白，構不成一部戲劇作品。他雖然創造了這個格外豐富的人物，可是還需要接二連三的事件，才能將他的回憶，發展成富有戲劇性的故事。在《春風化雨》中，故事的情節，是由主角、否定其教學方法的同事，以及幾位學生家長之間的衝突所構成。我們認爲衝突在故事進行中應該會獲得解決（參考本書第四章第105頁）。湯姆・休曼發現，他必須改變主角和其他老師的性格特質，才能使衝突的發生具眞實感。因此，主要人物和故事的要素──奇汀老師，其光芒將被另一個人物──他的學生尼爾──所掩蓋。尼爾是應運劇情需要塑造出來的角色，後來卻變成主角，成爲被觀眾認同的指標。當奇汀老師和同事發生衝突時，也對稱地反映在尼爾和父親之間的衝突上。這兩個衝突，最後激烈收場，尼爾自殺，奇汀老師被開除。

另外，純粹就故事主旨而言，從一開始，休曼就已經知道劇本《Carpe diem》[2]的主旨，要由兩個主角來呈現，以獲得觀眾的回響。因此他塑造了尼爾的摯友泰德這個角色。全片最後一個場面，泰德站上課桌之際，他不止表現自己對學校制度的反抗（帶動其他學生的反抗情緒，大家一一站上課桌），更重要的是奇汀老師的教學由此獲得認同。泰德此舉，讓片中的學生和觀看電影的觀眾，在激動的情緒中，有一種被救贖的感覺。

爲了使主題發展成劇情，編劇休曼經歷了以下過程：

★修改主角人物奇汀老師的性格。

★選定私立學校爲故事發生的地點和主題：一個墨守成規的象徵。

★根據該私立學校代表的形象：嚴格、墨守成規、升學率，塑造出教師、巡堂、督學等人物。

★塑造遭受學校高壓管制的學生角色，爲數頗眾，這些角色性格鮮明外現。

★在這些學生角色中，塑造出尼爾和泰德兩個主角。

★塑造一個和學校持相同立場的代表家庭，特別是尼爾的父親。

★塑造一個尼爾的戀愛對象。

兩個構成戲劇草案的重要戲劇要素於焉完成：即是人物和衝突。

然而，爲了使主題發展成劇情，還必須具備第三個要素，也就是湯姆·休曼作品中常常出現的**主旨**。

2.2 主旨

主旨常和主題混淆。然而，主旨和主題不同，主旨是一個統一故事結構的抽象概念，其意義有時具道德性，影響範圍普

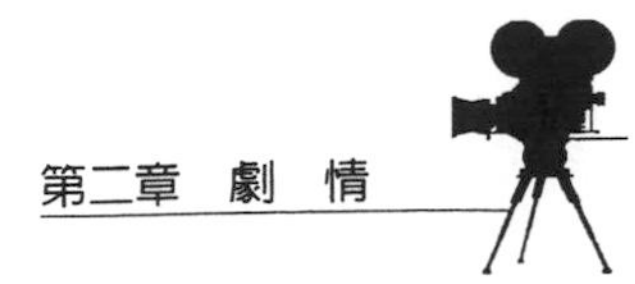

遍。史蒂芬・史匹柏（Stevan Spielberg）的《侏羅紀公園》（*Jurassic Park*）（1993）頗能說明主題和主旨的不同。《侏羅紀公園》電影改編劇本的主題，和麥可・克利區頓（Michael Crichton）原著的主題相同：一群科學家企圖自行複製一種生物。然而原著的主旨與電影截然不同。在原著中，大自然收回它的權力（翼龍飛走了），人不能是神（公園——史匹柏鏡下的天堂——自行毀滅了）。而電影的結局整體來看不甚合理（翼龍再度被捉），強調科學萬能，人可以控制自然，可見電影主旨與原著主旨大相逕庭。

有時電影主旨重要的程度可能超過作品的主題和劇情。譬如賈克・大地（Jacques Tati）「胡洛先生」（Mosieur Hulot）系列的主旨和主題，都在討論人類行爲機械化與其環境機械化的問題。在《春風化雨》中，「及時行樂」的主旨爲全片基調，我們也發現，編劇休曼爲了確立主旨，贏得回響，以其主旨的深層意義爲基礎，建立了衝突、人物和結局，然而以「及時行樂」爲電影主旨是否適切，仍屬可議。

現在我們可以清楚地界定，電影的主題，亦即故事的題材，是由人物、衝突和主旨構成，而且主旨是電影基本要素，聯繫其他的戲劇要素。現在我們可以開始建構劇情了。建構劇情時，我們還需要其他的編劇要素，以下立刻來討論。

2.3 劇情編劇要素

除了人物、衝突和主旨外，建構劇情還需要其他不可或缺的要素。我們將探討下列五項：危機、誘發事件、高潮、鋪陳和解決。

危機

危機是由衝突所產生的關鍵事件，以有組織、合邏輯和明確的方式，將情節漸漸推向高潮，也就是推向情節的最高點，然後再推向衝突的解決。危機是指劇情發展到主角是否要化解衝突的時刻。主角是否要化解衝突，對故事後續的發展，非常重要，那是主角抉擇的時刻。劇情可包含數個衝突，劇情中的衝突，也稱做「戲劇紐結」或「轉折」。

例子：

★《鋼琴師與她的情人》（*The Piano*）（1992）片中，在艾達遭史都華斷指後，危機旋至。史都華爲了擺脫他的兩個對頭──鋼琴和班斯，用斧頭把妻子的手指砍斷。就在此時，艾達決定離開史都華。

★《飛越杜鵑窩》（*One Flew over the Cuckoo's Nest*）（1975）片中，危機發生在精神病院住院病人第一次集

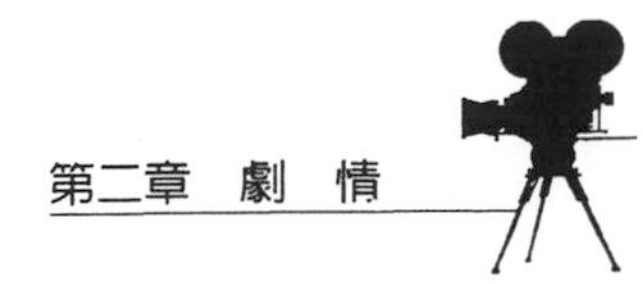

會時。麥莫菲故意裝瘋賣傻，住進醫院，想藉此躲避犯罪應受的法律制裁，卻眞的和護士芮奇起了衝突。這個衝突的解決就是本片的故事。

★《亂世浮生》（*The Crying Game*）（1992）片中，危機發生在黛兒向福格揭露自己的眞實身分之際。黛兒是福格的現任女友，但她曾是裘弟的女友。福格之前奉命殺掉裘弟。在瞭解事情的來龍去脈後，福格勢必要決定他的作法。他最後爲了黛兒和裘弟，選擇了友誼。

有些劇本寫作的理論家認爲，危機這個編劇要素不易處理，無多裨益。危機有時的確不容易下定義，因爲它的概念，和高潮、誘發事件、戲劇紐結或轉折很相近。然而，危機最特別的功能，就是讓故事情境中的主角自己做判斷，使主角遭遇考驗，考驗他在故事中的自由程度。編劇爲主角所選擇的主要危機，必不同於高潮、誘發事件、戲劇紐結或轉折。

誘發事件

誘發事件是指在電影剛開始所發生的一個危機或關鍵事件，也可能是在電影開始之前所發生。誘發事件引導劇情發展，預見衝突的解決。誘發事件通常很容易辨認，偶爾會較難發現。誘發事件是單一而不重複的戲劇要素。

例子：

★《鋼琴師與她的情人》片中，丈夫史都華拒絕把鋼琴搬進家裡。如果他沒有拒絕，還會有什麼事發生？

★《飛越杜鵑窩》片中，誘發事件是主角自己造成的，他讓自己被關進精神病院，卻攪亂了這個封閉的環境。第一個危機，也可以被認爲是一個誘發事件，如上文所提，發生在第一次病人集會時。麥莫菲無法忍受護士芮奇對住院病人（大部分病人竟是自願住院）和對自己的監管，這個具衝突性的危機，完全是主角的性格使然。

★《亂世浮生》片中，福格是個軟心腸的恐怖分子，奉命除掉裘弟。儘管後來裘弟死於意外，福格卻自覺應負起責任，決定洗心革面，不再當恐怖分子，並實踐他對裘弟許下的諾言：幫他照顧女友。福格放了裘弟（這一點並未獲得證實，使福格的性格更加撲朔迷離），因爲他之前做了允諾，加上裘弟意外身亡，引發劇情。

誘發事件只有一次，而危機則不斷出現，終將推動劇情發展至高潮和結局。例如，《飛越杜鵑窩》一片就出現了一連串的危機，其中第一個危機，前面我們已經有所討論，亦屬於一個誘發事件。但是之後發生的所有危機，如麥莫菲表演拳擊默劇，麥莫菲帶住院病人到海邊散步，麥莫菲把幾個女人關了起

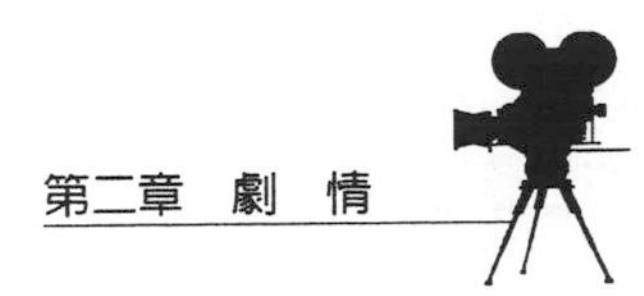

來，麥莫菲發現印地安人布朗登其實既不聾亦不啞等等，都將我們一步步帶入高潮。這接二連三的危機乃屬情節的轉折。

高潮

高潮（climax）原爲希臘文，是「階梯」或「層級」的意思，在法文的意思是「某一環境之土壤與植被達到平衡的理想狀態」，平常很少使用。在英文中，同時有「頂點」和「性高潮」的意思。在此，高潮是指戲劇情節發展到最高峰、最富意義、最具張力的時刻。高潮緊跟在危機之後，並將劇情導向結局。要達到高潮的效果，不一定要用激烈的手法。

例子：

★《萌芽》（*Germinal*）（1995）：馬阨之死爲全片高潮。馬阨之死，表示一切只能前進不能後退，就算他的死沒有立即對艾提安和家人產生意義，卻使艾提安走人工會運動，並開展了未來。

★《亂世浮生》：女恐怖分子被福格的男（女）友黛兒所殺。

★《馬丁蓋爾返家記》（*Le Retour de Martin Guerre*）（1981）：馬丁·蓋爾本人回來。情節多變的電影，通常其最後一個危機可謂之高潮。本片的高潮究竟是在馬丁・蓋爾本人回來時，還是在假冒的馬丁・蓋爾上吊時？看來假冒的馬丁・蓋爾上吊，似乎屬於衝突的結局。

★在《飛越杜鵑窩》片中，麥莫菲被印地安人布朗登悶死，是全劇高潮。

★《鋼琴師和她的情人》一片的高潮有兩處，一是史都華截斷艾達手指，一是艾達絕望地奔入叢林尋找班斯。

高潮是構成劇情的戲劇要素，由上所述，我們發現要辨識出電影的高潮，並不都很容易。然而要建構一個高潮，更不容易。

鋪陳

鋪陳是盡可能最簡單最快速地告訴觀眾他應該知道的訊息，以及他應該記住的部分。

鋪陳是電影敘事的第一部分，爲三幕結構中的第一幕（請參閱第五章）。鋪陳也是一個提供訊息的工具，在敘事中發揮作用。鋪陳旨在披露人物特性，並規律性地給予觀眾訊息，這些訊息形成戲劇敘事的基礎，並告知觀眾戲劇敘事的發展。

在敘事初始，觀眾應該要瞭解人物生活中既存的一些事實。這些既存的事實，在揭櫫觀眾時，就是所謂鋪陳的手法。編劇的技巧就在於如何巧妙不露痕跡地揭露這些訊息。創造發

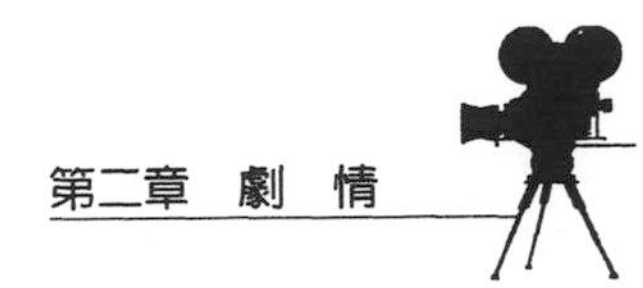

明，運用想像力，使用繁複的手法，都不過分，因為只注重訊息的內容，卻不注重訊息揭露的方式，使得許多作品因開頭缺乏戲劇性場面，充滿多餘的訊息，效果大打折扣。

傳達訊息最好的方法之一，就是將之歸在一個衝突或幽默的場面中。

《安妮霍爾》（*Annie Hall*）（1977）以一段自白開頭，純粹提供訊息給觀眾，但其中所呈現的幽默，讓觀眾忘記自己正在獲取瞭解劇情所應知曉的事實。伍迪．艾倫在《非強力春藥》中，也運用希臘悲劇中合唱的手法，將訊息傳遞給觀眾。

電影鋪陳的部分即使又快又簡短，仍可以達到訊息傳遞的功能。《你是我今生的新娘》（*Four Marriages and a Funeral*）（1994）的前兩分鐘就很有效率：

(1)在一張亂糟糟的床上，查爾斯正沈睡中。鬧鐘指著九點，但沒有響。查爾斯繼續睡。

(2)新郎的鬧鐘響了。新郎起床，從盒子裡拿出黑色禮服，上前照鏡子，用兩支梳子梳頭。他的態度和動作井然有序，似乎正在思考什麼。

(3)在一間極具中產階級風格，中規中矩的房間裡，菲奧達在鏡子前面選新娘禮服。她把選的禮服比在自己身上，對著鏡子做鬼臉。高傲的態度，顯露出她是個專斷的女人，冷漠，有距離感，一副倫敦上層社會仕女的模樣。

(4)一個煎鍋特寫，上面油滋滋地煎著蛋、吐司和醃肉。蓋瑞斯，雙頰通紅，嘴上叼著煙，蓄落腮鬍，握著鍋柄走向餐廳，他的男友剛穿好衣服。男友微笑看著蓋瑞斯，細心地幫他把還留在鬍鬚上的刮鬍膏拭去。這兩個人的性格，他們的情誼，他們對彼此的容忍，還有他們的生活習慣，觀眾立刻有所瞭解。本劇特別運用迅速有趣的鋪陳手法，自不待言。

編劇除了特意在敘事初始提供許多訊息外，也要保留一些到敘事的核心時再揭露。有技巧地揭露訊息，可以促進敘事的戲劇發展，增加觀眾的認同感。

解決

在高潮之後，衝突要解決，是謂結局。

當編劇感覺衝突的解決浮現之際，通常都會加快劇情的節奏。最好能放慢速度，仔細思考結局的功能，除了「結束」之外，至少還應該給觀眾和故事人物一個前後呼應的感覺。

幾個值得思考的問題：結局解決了所有衝突嗎？結局是否要解決所有衝突？結局是否至少應該解決主要衝突？編劇在編寫劇本之前，是否就要想好結局？結局是否可以邊寫邊改？

這些問題將留待第四章「衝突」中來討論，我們現在先來討論兩個編劇的重要規則。

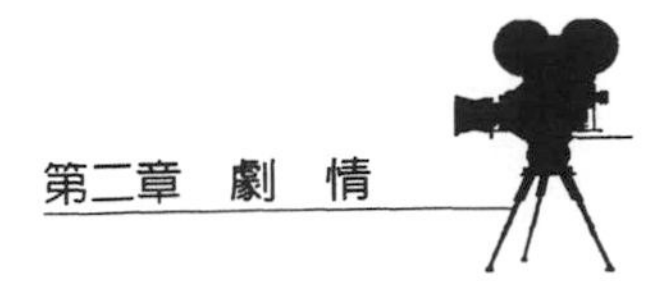

2.4 回溯到亞理斯多德

在《詩學》中，亞理斯多德將悲劇定義成具有一定時間長度的完全模擬表演。時間長度的概念非常重要，正因爲故事有一定長度，於是我們根據眞實感和必然性，以及命運交替等原則（幸福，不幸或轉折），選擇一連串的事件，組成故事。

在建構劇情時，必須謹守兩個編劇要素：眞實感和必然性。

眞實感

亞理斯多德是第一位強調悲劇的主題既不是求眞，也不是求可能性，而是要求眞實感的人。然而，眞實感的定義隨時代更迭和每一代的文化經驗而改變。在十七世紀，拉・契蔓（la Chimène）嫁給殺父兇手昔德（Cid）的劇情，要是搬到當代電視螢幕，就接近眞實多了，而且當代電視節目，慣於安排離奇的劇情。「不論如何，一個具眞實感的敘事，其情節演出，都要盡量使其觀眾在敘事中覺得眞實。」

必然性或因果律

在亞理斯多德的時代，悲劇的必然性，非由人而是由神主導。現在，劇情發展的必然性，是由編劇主導，編劇從神的手中掠得這項權力。儘管如此，編劇還是必須架構符合因果關係的情節。人物必須意識自己的一舉一動，其動作必然會引起反應，該反應奠基於人物最初動作的原因、目的和意義。

當劇情不符合因果關係時，立刻就變得沒有眞實感。事實上，我們是用因果律來評斷眞實感。比如，電影中一個女人正走進一個陰森的地窖，女人知道地窖並不安寧，但她要進來尋找自己的孩子，基於這一點，我們覺得眞實，因爲她行爲的動機，爲我們所瞭解。相反的，如果同一個女人爲了觀眾無法接受的理由，趕著進地窖，情節就不再具眞實感了。很多恐怖片都不符合這個原則。

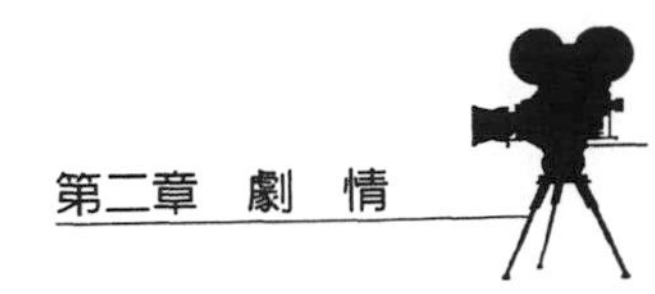

註釋

1 “trickster” 同時有騙子、盜賊和奸商的意思。

2 「且把握今日！」出自拉丁詩人賀瑞斯（Horace）詩作《奧德斯》（Odes I, 11, 8）。賀瑞斯總愛強調人生苦短，須及時行樂。

第三章
人　　物

1. 人物優先，還是劇情優先？

1.1 介紹人物

人物是所有故事中絕不可少的戲劇要素。故事要有觀眾能認同的人物（不論是主角或配角），才能存在。說到人物，就不能不提亞理斯多德的《詩學》。《詩學》提出西方文化裡人物和劇情並存所產生的種種問題。亞理斯多德認爲，人沒有表現，沒有行動，就不存在。所以，劇情比人物重要，因爲沒有故事，人物就不存在。然而，別忘了亞理斯多德那時，口說文字勝於書寫文字。柏拉圖在其文學著作中，處處小心謹慎，所寫下的文字都是對話的形式，即所謂最接近口語的形式[1]。亞理斯多德受其影響，堅持悲劇應透過人物自身的活動來表現人物。有個文辭雖不優美，意義卻簡明扼要的定義：人物，就是情節。所謂情節，意指劇情的轉折，都透過人物的活動來表現。人物有心理的活動，情感的活動，甚至包含身體的活動。人物的活動有可能非常激烈，但無論如何，其作用乃在於揭露人物本身，萬不可與「動作片」混爲一談。

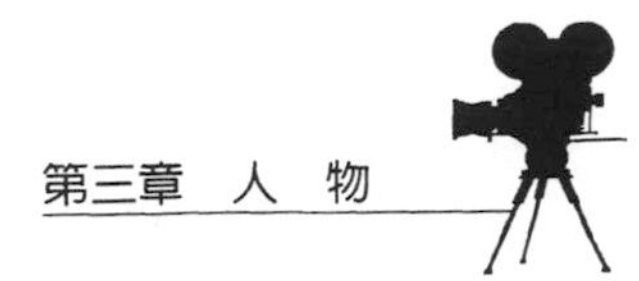

1.2 先塑造人物，抑或先建構劇情？

將構想發展成劇本時，編劇大概會先從兩處著手：有人先從人物著手，有人先受情境的觸發。

這兩種創作趨勢，深受文化與經濟環境影響，只要觀察當代西方電影，就能有所瞭解。在當代電影中，戲劇性敘事的要素──人物，其價值常受輕忽；爲了凸顯劇情，人物的角色會受限制，成爲劇情的配角。這個現象在西方電影中雖然頗爲常見，但並不是一個長久以來普遍的現象。好萊塢編劇常常仰賴一個情境來發展故事，將人物因應情節需求，推進極不眞實的情境中，把人物放在衝突的中心，衝突的解決只求令人印象深刻。可想而知這種編劇態度，並不企圖增進觀眾的道德與人性體驗。這個狀況並不是最近才出現。哈華德・霍克斯和約翰・福特兩人，就曾在他們的作品中，反抗劇情優勢論。

動作片非常注重劇情的建構，人物的出現乃是利於劇情的發展。《魔鬼終結者》（*Terminator*）（1984）、《異形》（*Alien*）（1979）、《洛基》（*Rocky*）系列（1976～1990）、《時空急轉彎》（*Les visiteurs*）（1992）、《ID4星際終結者》（*Independence Day*）（1996）等動作片，並不需要一個複雜的人物來推動敘事。這些電影的劇情都有一定的格局，人物有如棋子，順應各種劇情的轉變來移動；我們不再透過劇情窺探人物的複雜個性。

1.3 先建構劇情

上述幾部動作片顯示，編劇可以先建構劇情，再塑造人物。然而，不論新手或識途老馬，都要謹記：一個僅憑藉劇情和結構創作出來的劇本（沒有嚴謹的結構，構造不出強有力的劇情。參閱本書第五章），會有兩個潛在危機：

(1)人物變成次要的戲劇要素，因此未受到應有的關注。人物的塑造通常過於簡化，因為塑造人物的目的，只為使劇情有個妥當的解決，或是一個令人印象深刻的結局。《捍衛戰警》（*Speed*）（1994）這部精彩的動作片，選用了一個依據樣板劇情撰寫出來的劇本──「這部公共汽車有炸彈，一慢下來，就會爆炸！」──主角只要找個身手矯健的人飾演就夠了。不是只有動作片的主角才缺乏個性。比如喜劇片就喜歡詼諧的對白，加上雋永的短句，以及滑稽的表演，折煞了人物本身的丰采。賈克琳．那賈錫（Jacqueline Nacache）寫道：「就人的實際心理狀況而言，詼諧的話語和巧雕細琢的人物，兩者並不搭調。」喜劇片要強調的是喜劇效果。

(2)人物變成劇情的產物，其推動劇情的力量削弱。既然以劇情為重，則人物不論是主角或配角，都成了確立劇情風格的工具。人物支撐劇情，使之有起有落，人物的出現使劇情增

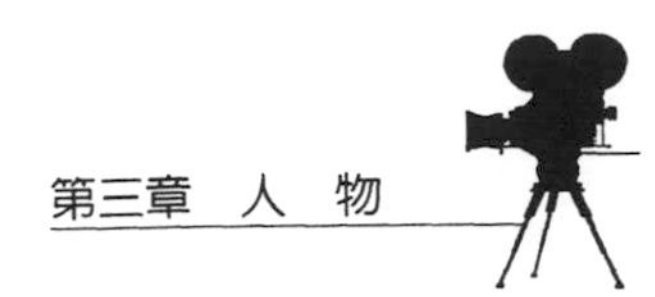

色，卻不會帶動情節。如此一來，人物不再是主動的角色，也解構了戲劇中由人物主動的原則。

其實劇情和人物並不是兩個敵對的戲劇要素，非要從兩者中擇一不可。劇情和人物兩者的敘述力量應取得平衡。人物的經歷和心理兩方面必須有所變化，人物也必須有一段過去，才能在遭遇強烈而眞實的情況時，對抗注定的挫折。有時太強烈的情況會影響編劇，使他撰寫出沈重、包含一連串戲劇變化和峰迴路轉的劇情，剝奪了人物的自主權。古典戲劇中「命運」的概念，曾是一個戲劇要素，在現代戲劇中銷聲匿跡，事件的後果不能再由神的力量專斷地決定。西方的電影的確曾經偏好主動的主角，這一點我們稍後會再提及。

雖說如此，哈姆雷特這個人物卻正給了我們一個極佳的反例。事實上，正因爲他的猶豫不決，這種在戲劇史中罕見的性格特徵，造就了劇情。一個被動的主角，當然不一定是個沒有目標的主角。

1.4 先塑造人物

如果劇情只是做爲人物生存的戲劇環境，則人物就要完全負起帶動劇本戲劇節奏的責任。當劇情較弱時，人物本身就要有強烈的動機，以面對自己性格造成的阻礙，進而解決內在衝突（參閱第四章）。編劇若以人物的心理狀態和演變爲基礎創作，則其劇情多屬此類。在此順道強調，有幾位英語系年輕編劇的作品中，人物重新恢復推動劇情的功能，編劇們利用作品中人物的性格，爲劇情打基礎，推動劇情。《黑色追緝令》（*Pulp Fiction*）（1994）、《殺無赦》（*Unforgiven*）（1992）、《霸道橫行》（*Réservoir Dogs*）（1992）、《亂世浮生》、《秘密與謊言》（*Secrets and Lies*）（1996）等片，都屬此類範例，這些作品在下文還會再提到。法國電影從前就沿襲以人物爲基礎的敘事傳統，即使到了現代，像《恨》、《學徒》，或者《尋找一隻貓》（*Chacun cherche son chat*）（1995）這三部片，都是以主角的特質來構造劇情。

人物的削弱和平庸，在動作片和影集中特別明顯，有多種原因：

- ★電視劇本的寫作全然走向幽默單元劇（situation-comedy）的形式，打開電視，無所不在。望文可知，人物推動劇情的力量極少有機會獲得發揮。
- ★「zapping」（槍擊爆破等）場面，現在經常使用，使得觀眾的注意力愈來愈分散。
- ★「互動」敘事模式的來臨，對觀眾的注意力沒有什麼幫助，更不能讓觀眾增加對人性問題的瞭解。就以電動玩具遊戲來說，即使遊戲包含智慧型設計，人和機器之間

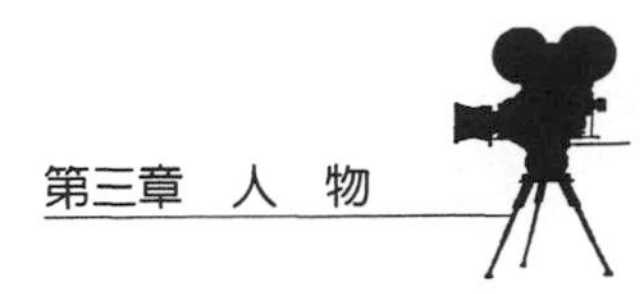

的對話，比起人與人之間自然產生的對話，必定較爲呆板，也較不具衝突性。

某些劇本作者堅持由人物推動劇情的概念。且讓我們來參考拉喬・艾格里（Lajos Egri）的說法：哈姆雷特──那個痛苦陰鬱的丹麥王子──愛上了茱麗葉。哈姆雷特被自己優柔寡斷的性格所苦，對茱麗葉什麼也沒說，一段段冗長、淒美又寓有哲學意味的獨白，說的都是他對茱麗葉的愛有多麼不道德，使他內心的掙扎與日遽增。他大概會徵詢家族所有成員，歸結與卡布雷家族和解的最佳方法。茱麗葉卻一直被蒙在鼓裡，不知道哈姆雷特對她的愛，也不明白自己正受人擺布，到最後會嫁給別人。我們清楚看到，《王子復仇記》曲折的劇情絲毫沒有改變人物的性格。如果我們改變哈姆雷特的性格，就等於無情地剝奪了幾世紀以來，許多知名演員嚮往能登台說出“to be or not to be”這句著名台詞的喜悅。

上文的主題，旨在討論劇本發展的兩個基礎：劇情和人物。結論的部分，我們觀察了幾部被好萊塢買去的法國電影劇本，發現一個極有趣的現象：這些電影的劇情，都是好萊塢製片未曾有過的構想。《討厭的人》（*L'Emmerdeur*）（1973)、《總數》（*La Totale*）（1981）、《光棍添丁》（*Trois hommes et un couffin*）（1985）、《馬丁蓋爾返家記》、《我的爸爸是英雄》

（*Mon père ce héros*）（1991）、《懷胎九月》（*Neuf mois*）（1993）、《聖誕老人是垃圾》（*Le Père Noël est une ordure*）（1982）、《糊塗情殺案》（*Les Diaboliques*）（1954）和近年的《夥伴》（*Les Compères*）（1983），正是其中幾個例子。

2. 如何塑造人物？

膚淺的人總是相信命運。

艾瑪遜（Ralph Waldo Emerson）

2.1 草圖

乍看之下，沒有比塑造人物更簡單的了，因爲人物早已存在劇本作者本身的性格中。不過，編劇入門者最好多加留意，讓劇本和自己保持一點距離，若一定要從自傳劇本寫起則另當別論。新手經常以自傳劇本爲處女作，然而其中很少有恰如其分的作品。劇本作者賦予人物的友誼、同情和價值非常重要。換句話說，何必與一個對我們來說毫無意義的旅人一起展開漫長的旅程呢？

人物需要擁有過去，才能在電影的世界中活靈活現。所有

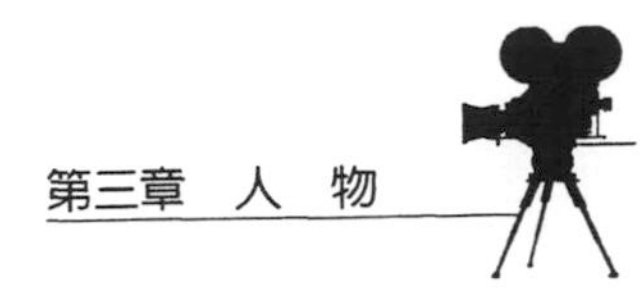

的人物，不論是否爲虛構，都有一段過去。人物的過去，將影響他的現在，因此我們必須對人物的過去有所瞭解。

結構大師席德·菲爾（Syd Field）慧眼獨具，將人物的生平分成兩個時空：一謂內隱領域，指電影開始以前人物的歷程；一謂外現領域，指人物在電影中的遭遇。人物內隱的歷程，打從他出生到電影開始的那一刻爲止。人物外現的遭遇，自電影演出開始，從中有所變化，這期間，人物的身分透過其活動揭露在我們眼前，在電影結束時，一切告終。這個塑造人物的工具非常有用。一方面，人物可以在他一生中的任何一刻出現，這給編劇很大的自由；另一方面，人物的前後表現得以一貫。

2.2　人物帶來什麼訊息？

要提醒諸位，瞭解人物的心理、身世和文化環境，比知道人物頭髮或眼睛的顏色來得更重要。在此列出幾個構成人物的要件：

(1)身世：

★出生地和出生年份。

★父母親的狀況（所屬種族、社會和經濟背景）。

★家庭結構（兄弟姊妹、堂表兄弟姊妹等等）。

(2)個人背景：

★生理上的能力或阻礙。

★宗教。

★環境：人物出身的環境和編劇出身的環境一樣嗎？

★過去和現在人物所處環境對其之影響。

(3)性格特徵：

★內向／外向？憑直覺嗎？等等。

★是受害者／無辜的人／僞君子？

(4)舉止和外表：人物的舉止和外表最常在描寫人物的時候逐漸成形。人物的舉止和外表，呈現出人物的模樣，比如穿著的方式、喜歡的裝扮、抽不抽煙等等，這些雖然不是人物最重要的特徵，不過遲早都會用來呈現人物的特質。對某些劇本作者而言，外在的特徵可以用來表現人物的性格。

人物的某些特徵，愈是未在銀幕上直接顯露出來，愈是重要。人物害怕的是什麼？他是不是有隱藏什麼？他怎麼看待死亡？他自視如何？他不敢做什麼？他對別人、對國家、對政治的態度如何？這些問題的答案，只有編劇知道，同時也讓人物得以優游於編劇爲他量身定做的世界裡。

不論這些問題的答案爲何，都不應該取代戲劇衝突的地位，人物在故事中必須解決衝突。

人物的塑造亦可以反向進行。不必每次都從人物的出生地或出生年月日開始。塑造一個完整性格，可以從一個突如其來

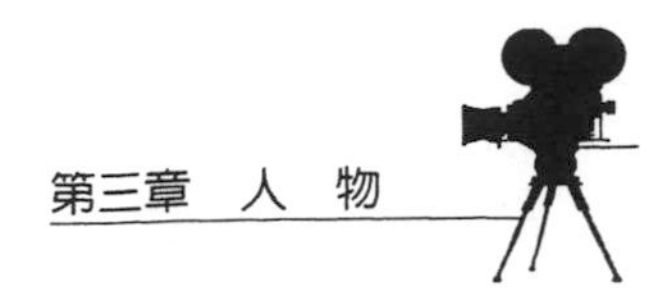

的反應或失控的行爲開始。想像力不應受任何規則所局限。反之，塑造人物應該要讓想像力完全發揮，使人物具備他應有的性格。在下文中，我們將發現，人物也會隨著自己的意願和代表自己意願的劇情，進行自我塑造。

2.3　如何研究人物？

在給人物和其個人背景下定義時，本書建議編劇應該先瞭解劇情發生的背景是否和本身的出身背景相同。背景不同可能成爲衝突的來源，不僅在人物之間形成衝突，有利於劇情的發展，也會造成編劇和劇本的衝突。

編劇應該對下列四種情形，多少有所研究：

(1)人物和編劇的社會文化環境迥然不同時：《恨》片編導馬修卡索維茲從來沒有住過巴黎近郊。

(2)人物和編劇的職業環境迥然不同時：《迷霧森林十八年》編劇費蘭連續數月，將自己放逐於故事主角黛安・弗西進行猩猩研究的肯亞山林之中。

(3)編劇對人物所處的物理環境一無所知時，除非劇本很短，否則本書不鼓勵此類創作。《迷霧森林十八年》編劇費蘭，不但深入瞭解主角從事的工作，也實地體驗當地嚴峻的氣候和物質條件，並瞭解其影響。

(4)人物和編劇的心理狀態迥然不同時：以《狂飆少年》

主要人物伊斯馬來說，編劇卡亨·特伊諦（Karim Dridi）承認：「這個人物和我本人差了十萬八千里，而且在眞實生活中，我一定不喜歡他。」編劇事後招供聽來容易。不過他必然是先認清自己和人物的差異，然後尊重這份差異，將之體現於人物上，再透過人物的活動顯露出這一層差異。這表示編劇的心思要非常細膩。

在分析過上述四種情況後，編劇自然有所選擇；除此之外，研究人物也要在使用的語言上下功夫，因爲語言可以反映人物的身分。

2.4 主角

主要人物──不管是人類〔如《哈姆雷特》和《終極追殺令》（*Léon*）〕、動物〔《白牙》（*White Fang*）」和《狗狗巴斯特》*Baxter*）〕、植物〔《怪物》（*The Thing*）〕、合成樹脂〔《外星人》（*E.T.*）〕、動畫〔《威探闖通關》（*Who Framed Roger Rabbit ?*）〕，甚至電腦動畫〔《玩具總動員》（*Toy Story*）〕──都可以是主角，故事就發生在主角身上。主角表現電影主旨，劇情圍繞主角而生。主角經常出現，他的動機和目的引發衝突，他必須跨越所有阻礙，勇敢而成功地去解決。主角是電影中的英雄，觀眾透過他融入劇情。所以主角是情節的中心。

《範例劇本，劇本範例》（*Scénarios modèles, modèles de*

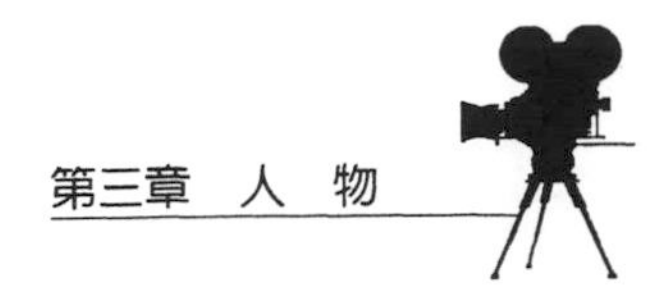

scénarios）作者法朗西斯・瓦諾耶（Francis Vanoye）特別指出，「這套原則和十八世紀小說戲劇的模式不同；傳統的小說和戲劇，通常是對話形式構成，人物繁多，對中心人物的問題較不嚴謹，充滿偏離主題的事件和對談，把人物當作是一個模範形象，而不把他當『人』來處理。」

瓦諾耶所說的這套原則，包括以下四個重點：

★故事應該圍繞中心人物——主角——而形成。

★在即將發生的故事中，中心人物應該有一個目的和數個動機。

★觀眾應該透過情節，逐漸瞭解人物。

★在一個會影響人物行爲的特殊背景下，人物逐漸蛻變。

這套原則似乎很對西方觀眾的胃口。也許這種敘事結構比較容易讓觀眾產生認同。爲什麼編劇通常都使用這個結構創作呢？値得探討。

其實，還有其他的編劇手法，並不講究一人主角、主角目標、衝突的適切與否，以及男（女）主角是否需要解決衝突等等問題。在剛剛介紹的這套主流原則之下，許多內心的感覺，也許會遭到到破壞。但是無論如何，且讓我們先來討論當代典型的主要人物。

2.5 主角與其目標

根據主流編劇的原則，塑造人物，特別是塑造主角時，一定要在他身上加諸一份意願、一份渴望，或是一份想望，才算大功告成。我們常會在腦海中浮現出一個人物，雖然他在戲中的意義尚待確定，但他的性格卻讓我們著迷不已。要是這個人物沒有以其目標具體地表現其意願和渴望，他的戲劇功能就尚未齊備。文字敘事藉由人物的自我分析等等揭露其性格，所以人物可以是消極被動的；電影以影像敘事，不會給人物自我分析的機會。在此我們回歸到編劇的重要傳統：塑造主角的時候，不只要注意他的動機，也要注意他如何表現他的動機。只有透過情節，才能表現他的動機。

沿襲一定的傳統，當代將主角定義為：主角必抱持一個目標，且其本質和性質，使人物成為故事的英雄，並激發觀眾的認同。

在《與狼共舞》一片中，頓巴中尉（凱文科斯納飾）打心裡想要隱逃到「邊界」去。他還不知道，這個他心所嚮往的邊界，隨著文明的入侵，正快速地向後退，就要消失不見。他到達邊界時，邊界正在消失中。

在《殺無赦》片中，主角威廉．馬尼〔克林．伊斯威特（Clint Eastwood飾）〕本想奉行愛妻遺言，腳踏實地經營農

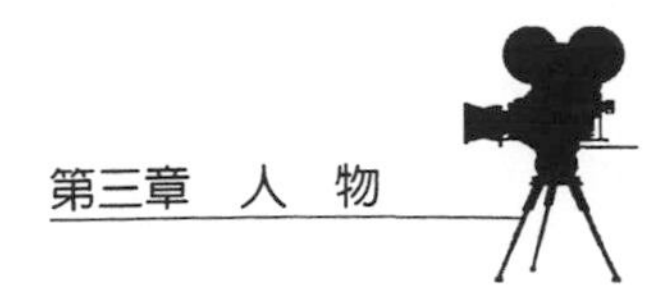

場，以撫養失怙幼兒。然而主角的這個目標，卻只有勉強重拾舊日的殺手身分，才有可能完成。矛盾正在於此：馬尼最後還是得重作馮婦，才得以突破困局。

在這套編劇原則中，主角與其目標唇齒相依：編劇在塑造主角、使之蛻變的過程中，必定會考慮主角的目標；反之亦然。正因如此，人物目標的特質和性質具有至高的影響力。就此課題，我們提出其他四個注意事項：

(1)主角最好只有一個目標。如果劇本的主角有好幾個目標，編劇時就必須先讓第一個目標有結果，然後再解決第二個，以此類推。如此一來，就有可能沖淡劇情和敘事的眞實感。就道理上來說，我們人有誰能同時解決好幾個衝突？

(2)主角的目標要能引起對立，以造成衝突。對立通常以阻礙的形式出現，可能來自另一個人，可能來自故事的情境，如果是內在衝突，對立可能來自主角本身的個性。

(3)主角目標的性質，會決定觀眾對主角的態度，也決定了觀眾對主角遭遇阻礙所持的態度。主角的動機，其功能在於醞釀衝突；觀眾也要根據主角的動機來認同他。一個沒有動機或動機薄弱、難以理解的人物，容易讓觀眾在認同的過程中產生疑問和不確定，致使觀眾甚至無法再認同主角。觀眾於是和人物產生距離，並對人物從旁論斷，甚至有可能興味索然。然而，這卻也可以是編劇的一個選擇：請參考《夏天的故事》

（*Conte d'été*）〔侯麥（É. Rohmer），1995〕，《又來了》（*Encore*）〔波尼哲（P. Bonitzer），1996〕。

(4)主角目標的性質，亦能決定主角的性質和對立因素的性質。例如在《殺無赦》一片中，威廉・馬尼必須違背現在樸實農人的身分，重拾舊日血腥殺手的身分，才能達到他最根本的目標——有能力撫養自己的子女。主角之所以重操舊業，只希望下不爲例。

人物的目標可能極端不同。舉例如下：

★《哈姆雷特》爲父報仇。

★《日正當中》片中主角威爾・凱恩的根本目標，乃是一個平凡安定的婚姻和生活。

★《迷魂記》（*Vertigo*）（1958）片中主角史考提企圖再找到瑪德琳。

★《大吃大喝》（*La Grande Bouffe*）（1973）片中，每個人物都想死。

★《霸道横行》（*Reservoir Dogs*）（1992）片中，也是每個人物都想死，但卻不自覺。

★《任你遨翔》（*Le ciel est à vous*）（1943）片中，茱莉想開飛機。

★《淘金熱》（*Gold Rush*）（1925）片中，夏洛想要吃。

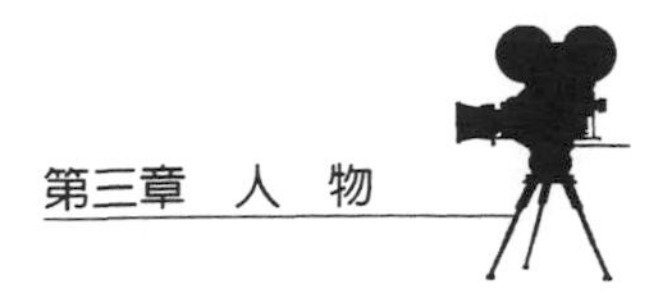

★《外星人》想回家（wants to go home）。

主角所抱持的各種目標，豐富了故事的內容。主角的目標，不管是獨一無二的、史無前例的、簡單的、或是殘忍的，都應該要讓人容易辨認、所以也應該要具體、一個普通的目標——比如生活順遂，度過愉快假期，或是保持身體健康——在編劇的筆下，偶爾也會出現佳作，但若是由編劇新手來處理，風險就提高許多。一方面，這種目標幾乎沒有足夠力量讓主角產生強烈而明確的動機；另一方面，這種普通的目標，在電影中要用多少時間呈現，亦難以界定。下文將繼續討論這個課題。

2.6　主動主角

市井小民看起來似乎不屬於編劇故事的來源，況且當代編劇偏好將有強烈動機的人物搬上銀幕，這些人物的動機，常常是整個劇情的基礎。儘管如此，馬克・維奈（Marc Vernet）卻提出，電影理應考慮票房收益的問題。「電影的目的在吸引廣大的觀眾群。」因此，「電影所仰賴的戲劇要素，必須最受社會每一階層的認同，或最能被各個不同的社會群體分享。」他又說，「這些戲劇要素不必是全宇宙或全世界性的，但應該是屬於群眾的。」在電影中所使用、而且也受接納的戲劇要素，比如主角的渴望、動機與意願等等，便建立在此一基石之上。至少西方的電影是如此。

即使當代編劇堅持主角必須主動，然而漫無目的的主角，或者說，有目標卻毫無行動的主角，竟比較一般人想像中的還常出現在電影中，令人頗感意外。這樣的角色其實和我們比較相像。主角無力採取主動，最常成爲戲劇的源頭；就是因爲躊躇不定，無法掙脫自己的枷鎖，衝突於焉產生。一個動機強烈的主角所做的決定，會造成衝突；但如我們在《哈姆雷特》一片中所見，主角缺乏決定能力，一樣能引發衝突。

社會寫實片中就有很多這一類型的人物：

《岸上風雲》（*On the Waterfront*）（1954）片中主角想要跳出他所屬的社會層級。主角泰利．馬勞依〔馬龍．白蘭度（Marlon Brando）飾〕「不得不」（他可有選擇？）輸掉一場拳擊賽，因爲輸贏早已內定，他只有打輸，儘管他想贏，但他無權打贏（他說：「我應該可以是個競爭對手」）。

這一類型的人物，受困於外在或內在情境（人物的心理情感會影響他決定的能力），身不由己，得到觀眾很大的共鳴。

不過，具有動機卻身不由己的人物，可能有以下兩種狀況，編劇不應混淆：一種是因爲情境和其意願相背，以致不能達到目的；一種是人物愈作愈錯，以致離目標愈來愈遠。

以《飛越杜鵑窩》爲例，當初麥莫菲刻意被關進精神病

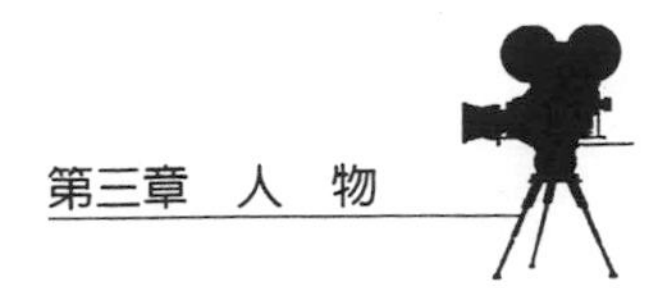

院，以躲避牢獄之災。如今他想脫離這家精神病院，勢必和代表精神病院秩序的護士芮奇起衝突，主角發現自己雖然躲過了司法制裁，卻跳進另一個深淵。

2.7　沒有目標的主角

一個沒有目標的人物，可能爲他建構出劇情嗎？首先要瞭解「沒有目標」的意思。「一個沒有目的、沒有動機的人物，是個問題重重的人物，通常身陷（感情、事業或人際關係的）危難，凡事逆來順受，拿不定主意，須經由內在瞭解其特質。」

這種意志不明確的人物，難以戲劇化，問題並不出在人物缺乏目標，而是因爲如此打破了傳統編劇兩個基本原則（人物想要什麼？他怎樣追求他想要的？），塑造出一個被動的人物；然而被動的人物勢必難以推動，因爲這個人物會避開一切的衝突，所以也不會採取行動來解決衝突。不過就是有幾部電影作品，正因爲巧妙地運用人物猶豫不決的特性，而成爲影史上的佳作。

在《恨》這部電影中，三個朋友中的一位，要等他的夥伴死了，才要做出決定。時間被拉長，每隔一段時間，銀幕上就會註明時刻。人物的位置在改變：或坐著，頭偏左；或站立看著遠方。這些年輕人的目標到底是什麼？

賈克・大地的「胡洛先生」系列，片中的主角胡洛先生並沒有強烈的動機，但透過主角，我們觀察到他生活的世界。主角胡洛由其他人物來定義，有點像在作減法運算。其他人如何，他則不如何。其他人要的，他則不要。

《我的舅舅》（*Mon Oncle*）（1958）處理的是屬於「舊時代」的胡洛先生和象徵消費社會的連襟阿貝勒先生，兩人之間存在的緊張關係。

《娛樂時間》（*Playtime*）（1967）檢討人類迷失在後工業社會的重圍裡，片中胡洛先生與人相約，卻不得相見。

《交易》（*Trafic*）（1971）講的是人類行爲機械化的主題。胡洛先生爲了到商品博覽會展示他那部最摩登的露營車，歷經長途跋涉，哪知道到的時候博覽會已經結束。在這部片中，胡洛先生似乎有了一個比較明顯的目標——到商品展覽會去——而以他一向的活力去達成。

胡洛先生時而猶豫，時而篤定，大步跨越這三部系列電影，他的作用，只不過是爲插科打諢起個頭。賈克・大地並不希望觀眾把自己想成胡洛先生。所以他才把胡洛先生塑造成被動的人物嗎？也不盡然。畢竟在每部片中，胡洛先生都是有目標的，只不過他的目標很短暫、很普通。不過胡洛先生的「演出」，以及在敘事中的表現，是被動的。正是這種比較被動的特性，帶動了故事的進行和觀眾對主題的瞭解。

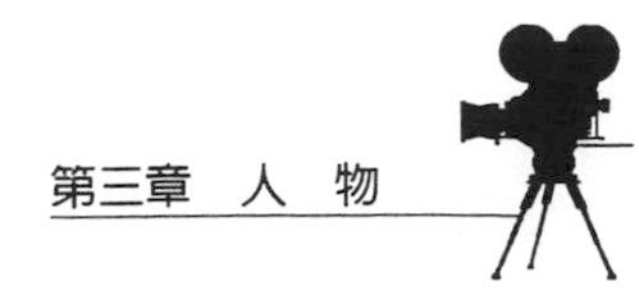

由上可知，一般的編劇題材，多以豐富的劇情和主角的目標為基礎，但也並非鐵律不可違抗。當代電影就經常不按牌理出牌，比如侯麥的作品，芬蘭導演雅奇·庫瑞斯馬基（Aki Kaurismaki）的「牛仔」系列，一些義大利電影比如《阿瑪珂德》等等，這些電影用大量的人物和主題代替持有目標的人物。《厚望》（*High Hopes*）（1988）一片如同麥克·李（Mike Leigh）多數作品一樣，拍的是生活希望渺茫的一群人，他們衷心冀盼未來會更好，卻總成不了事。儘管現況艱困，但他們用感激的心情耐心地承受。

許多的主角並不是一開始就有動機。他（或她）等待命運（編劇）給他動機。以《末路狂花》（*Thelma et Louise*）（1990）為例，這兩個主角除了要躲避警察外，並沒有什麼重大目標，故事原來不過是兩個女人想趁短暫的週末，擺開平日被男人奴役的生活罷了。這兩個人物，後來之所以會遭遇強暴、殺人犯案、竄逃，最後自殺身亡，並不是她們原有的動機或目標使然，而是情勢和其性格促成的。她們最後駕車躍入大峽谷，若發生在別個故事裡，這結局可能不太眞實；但就這對主角而言，這個結局無可避免，也合乎情理，是她們表現出的性格，帶領她們走向末路。

當代編劇的基本架構，經常從人物的一個目標開始，這份目標由情勢醞釀而出，並且跟著人物發展的節奏發展。《亂世浮生》片中的人物福格，一開始並不是個動機強烈的人物。他是愛爾蘭共和軍的一分子（這一直教我們很驚訝）。他必須殺掉人質，卻沒有殺成，主角陷入劇情之中，變成劇情推動主角，而非主角推動劇情。一直到片子最後，福格才主動做出抉擇。

也許人物缺乏內在動機、缺乏主動意願的狀況，取代了希臘戲劇中「命運」的角色。諸神不再降臨，插手戲劇的關鍵，不再降予我們種種艱鉅的考驗。我們已經長大成人，跨越諸神的干預，現在可以打造自己的地獄了。

3. 如何揭露人物？

3.1 透過情節

人物塑造完成後，必須透過情節來揭露。通常編劇由人物性格構造出電影情節，但人物的身分和特性，也一定要透過情節來揭露。編劇新手常犯的錯誤，就是借助個人敘述或對白來揭露人物。個人敘述即所謂「自白」，乃由人物獨自言語或自述遭遇，屬於文學的手法；對白則是屬於舞台戲劇的手法。這兩種表現人物的方法，當然並不為電影敘事所摒棄；再說，許

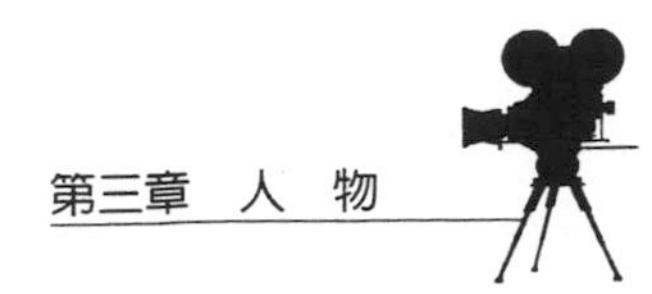

多電影都曾將兩者巧妙運用。儘管如此，我們還是建議編劇，在考慮讓人物自述一二之前，盡量使用正規的電影人物特性表現手法（從情節、環境、動作和觀看角度等等方面著手）。

接下來的兩個例子，顯示電影情節如何揭露人物，姑且不論其形式為何：

《黑地獄》（*Night and the City*）（1950）片中，主角哈利〔李察・威馬克（Richard Widmark）飾〕是個企圖心強的倫敦夜總會經紀人，某個夜晚，被人緊追在後。就在此時，西裝口袋上的手絹掉了。雖然差點就要被追上，哈利還是停下來，撿起手絹，把它放回西裝口袋，再繼續跑。哈利這個人為了保持外在形象，可以不計一切代價。

《布杜遇溺記》（*Boudu sauvé des eaux*）（1932）片中，流浪漢布杜〔米榭・西蒙（Michel Simon）飾〕正因愛犬失蹤而懊惱。他替一個下車的人拉車門。這個人下了車，開始搜口袋，卻怎麼也搜不出一個銅板。觀眾和布杜都知道這個自私鬼根本不想找到銅板。最後布杜不耐煩了，就把先前一個小女孩給他的十蘇錢，恭恭敬敬地遞給這位乘客，然後走開。這個簡單迅速的動作，立刻將人物呈現出來：

★布杜對自己的身分有自覺：他一如往常地拉車門，熟練的姿勢，顯示他接受自己的社會地位。

★布杜以自己的身分作請求：他高傲地等著他認爲有權利拿到的小費。

★布杜會耍手段：汽車駕駛的小氣吝嗇，早在意料之中，正好讓他逮到機會，表現出性格中具顛覆性、基本上不討人喜歡的一面。

★布杜是社會的危險分子：他給汽車駕駛三蘇錢，顛覆了社會層級，堅持他所擁有的權利，如此一來，極其微妙地讓人預見到之後的劇情。

以上兩例，在電影剛開始時，藉由人物動作的細節揭露其性格特徵，勾勒出人物以後將有的發展。不過，在此仍要另外補充：一部片中，人物的活動應該從頭到尾都要能揭露人物，編劇必須塑造一個豐富、複雜、性格又會有所轉變的人物。

3.2　透過環境

人物當下的環境，不論是其社會環境、工作環境、文化環境或家庭環境，都能反映人物。

《富城》（*Fat City*）（1972）片中，呈現斯托克頓市的衰敗景象，和一群出身該市的「失敗者」，從電影片頭字幕開始，就把過氣的拳擊手比利度利，推入一個完全封閉的敘事架構和心理情境之中。他後來既沒有交上好運、也無力重返拳擊場，

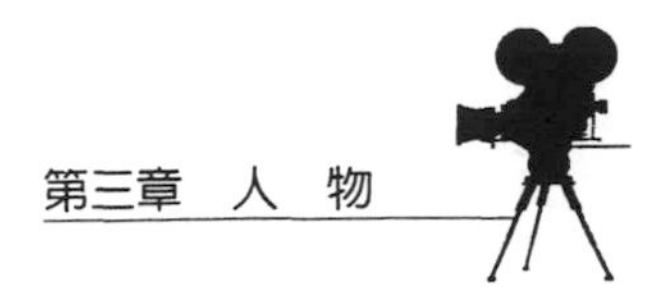

打出勝局。

《巴頓芬克》（*Barton Fink*）（1992）片中，巴頓把自己關在旅館房間裡，房間四面牆壁昏暗，彩繪壁紙因爲高溫而剝落，正表現出編劇巴頓爲構思劇作，焦頭爛額也枉然的處境。

《我的舅舅》片中，主角胡洛先生所處的環境，單純和諧，表現出人物的詩意；他連襟所處的環境，和前者形成極端的對比，呈現出人物空泛的野心。

以上舉的這幾個例子，都還不屬於類型電影。《黑地獄》則例外，是最經典的黑色電影。其實，像偵探片、西部片甚至科幻片，都會對電影主要人物的特性，提出一連串的假設。換句話說，以黑色電影爲例，觀眾在觀看此一類型電影時，容易先對劇中的人物下定義。

3.3　透過對白

戲劇中最常用來表現人物的方法，當然就是對白了。對白的部分值得用一整章介紹，可惜在此我們只能歸結一小部分來講。

對白必備的四項功能如下：

★要表達人物的想法。

★要表現人物的社會和個人特質。

★要推動劇情。

★要紮實地建立起電影的調性。

一般而言，編劇必須自問所編寫的對白，是否至少達到上述四項功能中的兩項；如果沒有，對白就必須重寫。好的對白既能表現人物性格，亦能推動劇情。本書第二章曾講過鋪陳的問題。而編劇要處理的諸多難題之一，就是如何表現鋪陳，尤其是如何透過對白來表現鋪陳。

提供幾點建議：

★編劇必須隨時記得，電影是視覺媒體，所有瞭解電影敘事所必須的訊息，盡可能以視覺的方式傳達；最好的辦法就是減少不必要的對白，尤其那些只是重複影像內容的對白，必須刪除。

★雖然對白的功能之一是開始一段對話，但對白的作用絕不僅止於此。對白是根據人物和其處境來揀選和安排的。每個人物所說的台詞，應根據其性格、所受教育和社會文化背景來撰寫。

★應該盡量在劇情的結構下表現人物。偏離主題的對白，除非能推動劇情，否則儘管有趣或是有詩意，也能表現出主角的性格，卻沒有多大意義。

★電影和書正好相反，觀眾不能回頭看。即使人物性格複

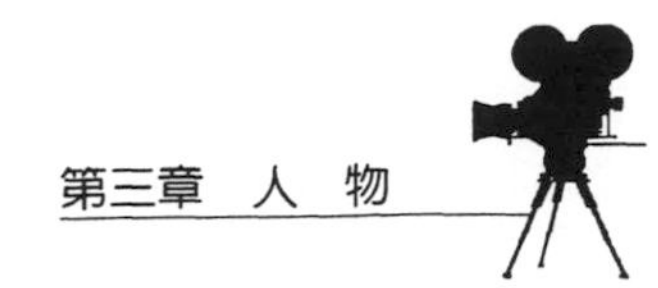

雜，對白也要寫得平易近人。同時，本書也建議編劇一次不要讓人物說太多句，免得有引述篇章的感覺。

編劇塑造的人物是一個活的生命體，必須有完整的外表，有自己的意志、自己的性格、自己的情感以及屬於人物自己的過去和未來。

註釋

1 在柏拉圖的《理想國》中，將作家驅之門外。

第四章
衝　　　　突

1. 故事動力

當兩個抽象的實體（人物、情境、力量、需求、動機或目標）以外在有形或內在心理的方式對立，衝突於焉產生。兩個或以上相反力量的相遇，就是衝突發生的條件。

達爾文是第一個將物種之間生物性的競爭力量詮釋爲「動力」的人：過去認爲由神掌握的力量，其實乃是自然的選擇。所以人類的形成不再是神的旨意，而是和其他物種一樣，經過長久的物種競爭，才變成現在的模樣。自然的選擇，乃是一個恆久的衝突，也是一場物種延續的征戰，也就是生物演化的動力。它是物種延續的核心。

生物競爭在物種演化中所起的作用，和戲劇衝突在敘事中所起的作用，兩者的相似處，值得提出來討論。戲劇衝突就是故事的動力，沒有衝突就沒有故事。衝突有點像是故事的主題，通常衝突獲得解決，故事也就結束[1]。

達爾文理論的另外兩個原則似乎也可以推衍成編劇原則。其一，自然的選擇勢必會有一個最終結果。不論結局是好是壞，不管物種最後會絕跡或留存，一切總會告一段落，或至少在不久後會重新開始。其二，衝突獲得解決，其最終目的，不

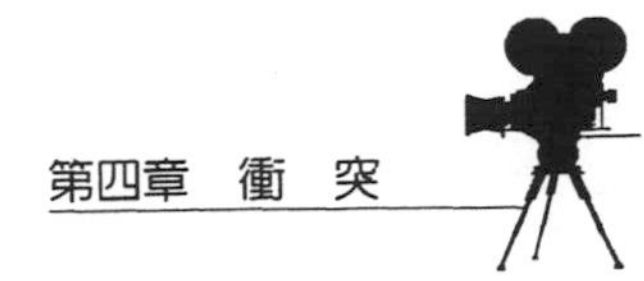

論就達爾文的解釋抑或根據當代的定義來看，似乎都是爲了使物種得到進化。這不就是戲劇的目的嗎？以亞理斯多德的定義來說，透過人與人衝突關係和其解決之道的再現，不正是透過戲劇的表現，使觀眾得到「進化」嗎？

在戲劇劇情中，衝突的地位，處於兩股矛盾力量相交的十字路口上。一方面，通常被視爲和通俗電影相對的藝術電影，大大減低了衝突的重要性，使得衝突有時不再是戲劇的要素和故事的中心。另一方面，通俗電影反而大大加重衝突的重要性，許多當代的電影只建立在衝突之上，其他戲劇要素棄之不顧，只考慮衝突的效用，太過絕對。

如果我們將衝突視爲人類經驗中力圖思變的一種反應，那麼上述的兩個現象，應該有很密切的關聯。當藝術電影逐漸摒棄衝突這個戲劇要素時，通俗電影則反過來做了補償作用，加強呈現戲劇的衝突。電影劇情也遭遇了類似的演變。

1.1　外在衝突

外在衝突，顧名思義，來自人物的外在環境。大自然、工作和社會環境，或是另一個具對立作用的人物，都是外在衝突的來源。

《大白鯊》（*Jaws*）（1975）片中，警長布勞迪管轄的避暑小鎮，其海灘被沙魚肆虐，他必須面對這場浩劫。

《沈默的羔羊》（*The Silence of Lambs*）（1990）片中，主角卡拉莉絲必須和漢尼保周旋，方能取得逮捕殺人犯比爾所需要的資訊。取得這些資訊，也會幫她取得探員資格。

《洪河》（*Wild River*）（1960）片中，恰克必須說服艾拉，在房子尚未被田納西州新近攔堵的溪水侵襲前，搬離住所。

就敘事動力而言，這幾個外在衝突起了極佳的作用。但這些衝突都是合理的嗎？

當編劇以衝突作爲戲劇動力，並視之爲主角必須克服的最大阻礙時，就會刻意累積阻礙，只爲了加強懸而未決的效果。通常劇情鬆散的片子，或是講究娛樂效果、力求觀眾印象深刻的動作片，都會如此處理衝突。

1.2 從外在衝突到內在衝突

雖然說外在衝突是戲劇的動力，但外在衝突一定多少是以外在現實的角度，去表現內在衝突的一種方式，所以內在衝突所具備的動力，比外在衝突更爲有力。內在衝突動力較強的原因之一，就是因爲觀眾比較認同面對內在心理衝突的人物，而較不認同被置身於外在衝突的人物。

在《大白鯊》片中，警長布勞迪必須面對他應負的公職和政治責任，然而他心中對水的恐懼，才是眞正必須解決的衝突。

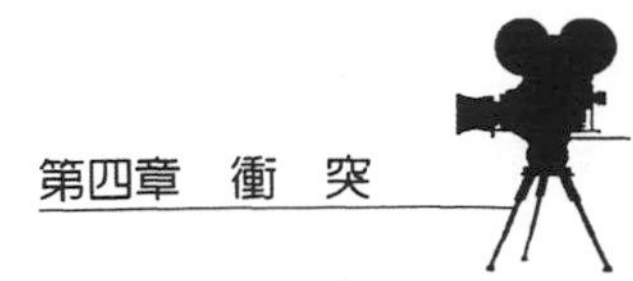

在《沈默的羔羊》片中，反面人物漢尼保，本來應該是協助克拉莉絲辦案的人物。兩人見面以後，克拉莉絲卻掉進充滿痛苦與衝突的煉獄。這種看似反常，實則匠心獨運的敘事方法，正顯示出當代戲劇劇情中，主角和反面人物的界線，愈來愈模糊，尤其當劇情以敵我仍講情義氣的傳統觀點出發時，更是如此。話說回來，也多虧漢尼保的出現，才讓克拉莉絲有機會面對內心深處的問題，面對自己的內在衝突，等她解決內在衝突後，則代表敘事結構的外在衝突，也就是整個劇情，亦告結束。

在《洪河》片中，恰克是一個溫和正直、獨善其身的人，在遇到反面人物艾拉時，他看到了自己性格的投影。恰克自己的內在衝突，在敘事尚未開始之前，就已存在，一直困擾著他，但在瞭解艾拉的理想後，他才發現，自己終於可以認清自己的內在衝突，並將之解決。在勸服艾拉棄守她的小島後，恰克似乎是自願被淹沒在田納西的水澤中的。

在我們記憶中，《日正當中》是一部善惡分明的電影，劇情總是安排好人除掉壞人，戲劇衝突來自人物的外界。電影開始時，哈得雷城的米勒兄弟幫，現身警長威爾・凱恩〔柯利庫柏（Gary Cooper）飾〕和艾美〔葛莉絲・凱利（Grace Kelly）飾〕的婚禮。在吻過新婚妻子，接受地方人士祝賀之後，凱恩卻猶豫是否應該離開本城，因爲他讓本城二十四小時未受警力管轄。米勒兄弟幫派現身，讓他更加躊躇。在本城居民的規勸下，威爾和妻子終於離開，好開始新的生活。車開了幾公里後，凱恩決定回頭，面對幫派。

有幾點必須考慮：

(1)爲了使情勢回轉在故事中具眞實感，編劇必定爲主角塑造出一個適當的人格特性。也就是說，如果劇情就是安排主角必須對抗衝突，則編劇會運用人物本有的特性和心理情感，驅使他自己回頭。

(2)凱恩想要直搗米勒幫，表現出他懸而未決的內在衝突，而且成爲故事的動力。

(3)運用故事的動力，在劇情中安排傳統善惡不兩立的衝突，並發展其他數個外在衝突，比如凱恩妻子是教友派信徒，反對一切暴力，造成凱恩和妻子的衝突；另外市民們在凱恩和米勒幫短兵相接之際，拒絕伸出援手，形成凱恩和哈得雷市市民間的衝突。

(4)最後，凱恩所做的決定，將使他單獨面對自身的內在衝突。在能戰勝別人之前，他必須先戰勝自己的恐懼和懷疑。

他和幫派實彈相接的外在衝突，不過是他內在衝突的外現。我們發現，內在和外在的衝突之間，可以形成重要的心理和敘述張力。

外在衝突只要在電影的世界中有眞實感就夠了。相反的，

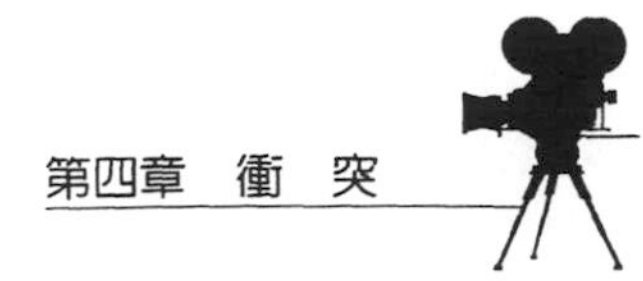

內在衝突就必須包含人物性格的各個層面，以及觀眾能認同的人類心理共同感受。我們可以歸納出一個原則：最好的編劇，就像在電影《日正當中》一般，會凸顯人物內在衝突和外在衝突之間的深層關係。

《安全地帶》（*Safe*）（1996）一片，編劇兼導演塔德·海恩斯（Todd Haynes）在內在衝突和外在衝突之間，建立了一個令人迷惑的關係；海恩斯凸顯這層關係，使之產生教人特別困擾的含義：在電影中，主角受到二十世紀末各種文明污染所衝擊。看來這似乎全然屬於外在衝突。然而，故事不斷地在影射，其實女主角對這些污染幾近病態的敏感，和她本身的性格有深切關聯。這個傾向藉由一些事件表現出來：女主角褪色的婚姻，她無法感受他人的痛苦，甚至無法和自己溝通；這可能才是女主角最根本的問題。電影的結局，暗示她的內在衝突——她沒有能力愛自己——是她不能與污染這個外在現象奮戰的根本原因。女主角最後對著鏡子重複說著「我愛你，我愛你」，代表她可能開始復元了。

西方文化中，若要說經過內心自省的過程，使人們在掌握內在衝突的同時，也能戰勝來自外界的衝突，其實並不盡然。但《安全地帶》一片卻以此模式為中心。這個模式不是很適當，經過思考後也會被推翻。然而，在一個前後一貫，具有真實感的虛構世界中，就比如在《安全地帶》片中，只有這個假設才能使故事進行，並讓觀眾得以瞭解連結內在衝突和外在衝突的脈絡。

1.3 衝突和阻礙

劇情的主流公式，特別是源自美國的劇本寫作方法，主張當主角遭遇實現目標的阻礙時，衝突於焉產生。

主角、目標、阻礙、衝突、解決這五個戲劇要素，依時間順序先後列出，形成建構劇情的主流公式。由第一個要素產生第二個要素，其餘依此類推，前者爲因，後者爲果。

爲了啓動這則公式，主角一定要有動機。他必須是個主動的人物，有了目標以後，就決定要予以實現。

一則表面上看來既合乎邏輯又頗實用的慣例，要對其價值產生懷疑，並不容易；這則公式非常適用於以外在衝突爲基礎的敘事，而且也我們必須承認，表面上的嚴格要求讓編劇輕鬆不少。但是，在此還是必須請諸位留意本公式對劇本寫作可能產生的幾個反作用：

(1)在這則公式中，衝突只是一種結果，不是動力。衝突排在第四個位置，緊接著就是解決，不對主角最初的性格形成造成影響。

(2)主角的性格只能藉其所遭遇的阻礙來定義。如此一來，觀眾只有透過主角對抗衝突時採取的行動和發生的事實，

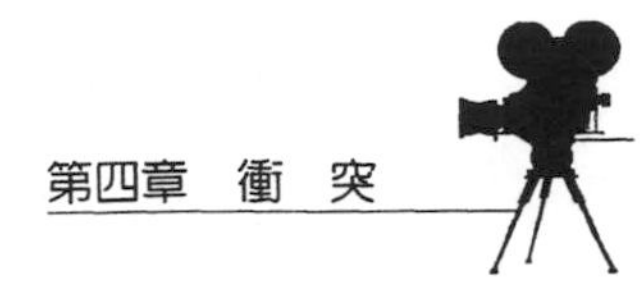

才能看出其性格，之前則否。主角的蛻變受到限制。主角目標的性質，會對主角本身造成一定程度的影響；而阻礙的性質，也有相同的作用。

(3)這則公式讓人以爲，只有人物的意志才可能形成衝突。也就是說，在公式中，衝突是主角目標和阻礙相遇的結果，主角不僅自己要有動機，還要依照他的動機行動。因此我們得到一個完全主動的主角；然而並不是每一個文化中的主角皆爲如此。

(4)將阻礙視爲重要的戲劇元素：主角一定要克服阻礙，故事才能走到結局。這個假設暗示主角必須有一個「主動渴望」。對西方人來說，要建構一齣以被動人物爲主角的戲劇，較爲困難；主角本來就必須積極克服阻礙。但並非盡然如此。電影史上爲數甚多的電影主角，都不具主動的性格。

(5)在這則公式中，主角永遠能解決衝突，如此一來，將許多具備故事主角分量的人物摒棄在外，即使這些人物很少有結局。

(6)這則公式強化了傳統的三幕結構。然而三幕結構卻不一定是文化創意電影的必備條件。

這則公式整體看來似乎頗爲專斷，弗列德・詹森（Fred Jameson）用了個望文生義的名字，稱其爲「有效敘事模式」，認識它不無用處，因爲它的優點在於「有效」。其實，所謂有效的敘事不見得最適當，也不是最眞實或最吸引人的敘事。雖說如此，其所佔的優勢，仍使得西方世界在編劇和分析的觀點上，都不能予以輕忽。

就此看來，《日正當中》這部敘事有力的標準美國片，選擇的這則公式來處理劇情，自有其道理。該片顯示，即使編劇運用主流公式安排劇情，敘事還是會跳開在結構上被強加的封套，帶給我們一些意外。我們知道威爾．凱恩有內在衝突。他新婚不久。他想和妻子過平靜的生活（但其實他還沒有完全被說服），可是他的道德感和責任心讓他放心不下。他過去曾是警長，將來還會是警長。他要對自己的內心衝突負責，再加上屬於本身性格的心理因素，助長了凱恩內在衝突的幅度。

如果我們把米勒幫想成一個單純的外在阻礙，認爲凱恩的最大願望是和妻子過著幸福的生活，那他爲什麼還要返回哈得雷城？他大可繞開這個阻礙，遠離哈得雷城，實現他的心願。其實早在米勒幫現身婚禮之前，凱恩的心理衝突就已存在。米勒幫的出現，乃是一個外在阻礙。所以，就算在好萊塢的公式裡，衝突也不一定是阻礙造成的結果。

要用阻礙或衝突的角度來解釋哈姆雷特，同樣困難。哈姆雷特知道自己有命在身。他要手刃親叔，以報殺父之仇。這是他的目標。本來阻礙的功能不在削弱主角的動機，反而是加強主角的動機，使他能克服阻礙。在哈姆雷特的故事中，阻礙來

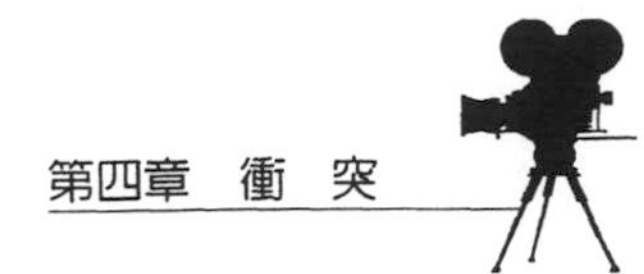

自哈姆雷特本身，屬於內在阻礙，並不會製造衝突；衝突反而才是阻礙造成的。他面對罪行的猶豫和疑慮，是衝突性的力量，使他完全裹足不前，形成內在阻礙，後來領他走上黃泉路。在此，阻礙是衝突的結果，和我們之前所說的恰恰相反。

如果認爲衝突只是目標和阻礙兩者對立的結果，則我們也許應該仔細檢視當代電影的品質，並思考慣性套用主動主角，導致情節和人物的平庸無奇等等問題。

以《恨》爲例，編劇在鈴蘭城居民和警察之間，安插了一個突如其來的外在衝突。在這個衝突中又安排了另一個衝突：主角人物薩德、宇柏和凡斯做不出決定。他們不是主動的主角。他們只想等他們的朋友阿得死後，再去考慮如何決定；他們後來還是沒有作出決定，因爲凡斯飲彈而亡，事出突然。整部電影就是一段漫長的等待，我們只看到三個人物無所事事地晃盪。因此，一般認爲主角必不能少的戲劇要素──動機，並不眞如我們所想，爲了使戲劇順利進行而必不能少。

值得注意的是，當代的歐洲電影，愈來愈有依賴前述公式的傾向。有人認爲我們把票房收益擺第一，犧牲了自己的文化；爲了票房收益，我們覺得必須使用非直接源自我們文化的素材撰寫劇本。然而，若認爲這種現象僅僅是因爲考慮票房收益所造成，就未免太簡單、太天眞了。此外，這種態度對大眾的智慧有所鄙視，大眾不會被粗糙的作品矇騙，他們能分辨其中的好壞。

1.4 阻礙和真實感

戲劇平衡佳，戲劇才能順利進行。人物和人物衝突之間力與力的關係，構成戲劇平衡的基礎。因此，人物必須根據所遭遇的阻礙和要解決的衝突來斟酌。換句話說，人物應該可以用所遇的阻礙來衡量。

如果塑造出的人物不能解決衝突或克服阻礙，或者阻礙本身不是人物能力範圍內所能解決，則根據亞里斯多德的定義來看，我們就脫離了故事的眞實感，不再暫停懷疑，因爲觀眾在電影的世界裡迷失了。我們前面已經提過，亞理斯多德強調，悲劇所追求的，既不是逼眞，也不是可能性，而是眞實感。

暫停懷疑是英文suspension of disbelief 的直譯，是一份觀眾和電影世界之間的默契。這個默契就是要觀眾對呈現在他眼前的電影或戲劇世界的實在性暫停懷疑，只要求戲劇中的眞實感。《夜訪吸血鬼》（*Interview with a Vampire*）（1994）一片，就讓觀眾突然起疑。電影原著暨劇本作者安娜·瑞斯（Anne Rice）告訴我們，吸血鬼的世界，也許和幾個世紀以來我們賦予他們的形象不同。他們不見得是兇殘、沒有靈魂的嗜血屍變，而是一些已經死去的人，卻離不開自己的身體。雖然這和我們記憶中吸血鬼的故事，以及我們本來所期待的，稍有不

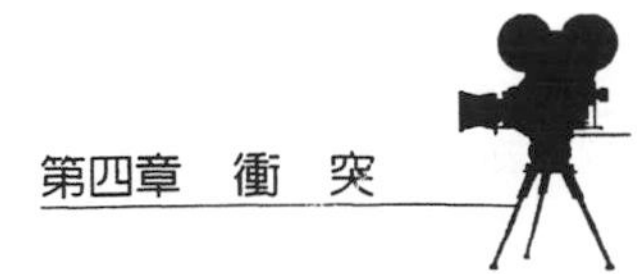

同，但我們可以接受這種說法。這完全靠說故事的人的功力。後來，吸血鬼路易斯〔布萊德·彼特（Brad Pitt）飾〕的養女被陽光照射到，像傳說中那樣猝死，消失不見了。

路易斯傷心欲絕，一把火燒了吸血鬼群聚的劇院，甚至進去砍下他們的頭顱。吸血鬼列斯塔也被路易斯砍頭，遭烈火焚燒，卻自灰燼中重生。劇情至此，電影和觀眾的默契斷然消失，敘事手法拙劣，使得故事前後不一，引起觀眾懷疑。所以觀眾不再暫停懷疑，因爲編劇在故事中建立的眞實感驟然消失。

1.5　認同的要素：衝突

之前我們已經隱約指出，觀眾比較容易認同人物的內在衝突。這當然不表示以外在衝突作爲戲劇動力時，觀眾就不會產生認同。反而在這種情況下，阻礙才眞正發揮作用，產生衝突。不論內在或外在阻礙，都能造成外在衝突。無論內在或外在阻礙，都必須要有眞實感，應該經過斟酌。

《大白鯊》片中，警長布勞迪遭遇一個很眞實的內在阻礙——怕水，我們很容易就產生認同。外在阻礙——水本身，不會眞正助長我們對人物的認同。反倒是最具代表性的外在阻礙——沙魚，讓觀眾體驗一種極具莫名的恐懼。

《洪河》片中，主角恰克遭逢各種外來阻礙：艾拉的兒女；前任者所不及的專業地位；艾拉的孫女（他愛上了她）；本城居民（該城種族主義充斥，突然遭恰克干預）等等，還不包括土石樹木、河水和下不停歇的雨水。這些阻礙都來自外界，也具眞實感，因此加強了觀眾對恰克的認同感，而且沒有減低我們對他內在衝突的認同。

《沈默的羔羊》中，讓我們產生認同的因素就比較複雜。觀眾永遠不知道反面人物是漢尼保還是水牛比爾，這兩人的惡形惡狀，使觀眾經歷深刻的恐懼，應該不會對他們產生任何認同，只有克拉莉絲成爲觀眾認同的指標。然而，克拉莉絲所有的問題中，僅有她遭遇的阻礙，較獲得觀眾認同（比如她對水牛比爾心生恐懼，她孤力無援，她一心渴求成功）。觀眾最重要的認同來源，反而是每次克拉莉絲和漢尼保見面時令人印象深刻的情景，可謂一奇。當代動作片經常使用這種手法，讓觀眾對電影產生認同。

上述三部電影，其戲劇動力皆來自外在衝突，並運用一種認同機制，使觀眾不僅對預先存在的內在衝突產生認同，也對可以克服的外來和內在阻礙產生認同。

「可以克服」這個字眼頗爲重要。我們認爲觀眾有權利對電影冀盼一個結局，至於如何結局，則另當別論。電影中的衝突激起觀眾的情感、挫折感，給觀眾帶來快樂和歡悅，產生情緒「淨化」[2]的作用。只有在衝突獲得解決，使戲劇進入結局

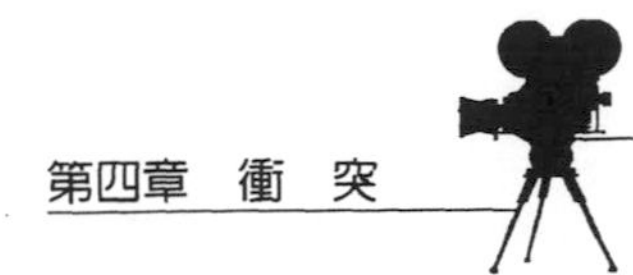

時，觀眾才會有情緒淨化的感受。結局是觀眾在走進戲院時，和電影世界所達成的默契中的一部分，且不論以何種形式呈現。衝突獲得解決，觀眾的情感也得到抒發，可以讓觀眾心滿意足；然而，編劇盡可能不使用所謂的“happy end”（圓滿結局）。對觀眾來說，衝突不僅必須解決，也是最重要的認同指標。

2. 如何建構衝突？

2.1 完成衝突

若編劇以衝突爲戲劇基礎，只要衝突尚未完成，戲劇就不能繼續，則衝突常會很早出現，不僅是劇情的開端，也具有導入劇情的作用。有些劇本作者急於表現衝突，在片頭甚至片頭之前就將衝突完成。

《終極追殺令》的片頭是懸浮在中央公園綠樹叢上的畫面，後來綠樹的畫面被灰色石材高樓大廈形成的地平線所破壞。一個西部片的衝突主題已然形成：蠻荒野境和文明相抗衡。

《死吻》的片頭場面，是在夜晚的一條路上。一個女人，身著雨衣，打著赤腳，邊跑邊要攔車。一部敞篷車側滑，超過了女人一點，然後停了下來。駕車的人，很不高興，最後叫女人上車。廣播正在放奈特・金・柯爾（Nat King Cole）唱的《我寧願憂鬱》（*I'd rather have the blues*），諷刺又刻薄。接下來兩分鐘之內，女人被殺，駕車的人遭打昏。片頭字體的樣式，和異常的字幕表現方式——不知從哪裡冒出來之後，再推向觀眾——和一般習慣由上到下的觀看次序不同，確立了電影的主旨和衝突：在混亂的核子時代，所有的規則都被顛覆，象徵傳統的法律和秩序帶領我們一步步走向災禍。

《證人》（*Witness*）（1984）片中，觀眾最先看到的是麥穗迎風搖曳的景象，然後出現著傳統服裝的艾米許人，一輛艾米許式馬車，有兩匹馬拉著，一座農場，喪葬禮儀等等畫面，觀眾最先聽到的不是英語，而是一種十七世紀的日耳曼方言。故事主題就是艾米許村莊，在片頭時已經交代完畢。和前例有所不同的是，這部片選在片頭之後構成衝突。

《安妮霍爾》片中，男主角亞維（伍迪艾倫飾）直接讓觀眾完成主要衝突：在經過幾個不相關的事件以後，觀眾發現安妮和亞維才剛分手，還發現亞維的目標是要兩人重修舊好。

2.2 衝突和暴力

衝突不一定要激烈。通常，激烈的情感衝突和激烈的物理

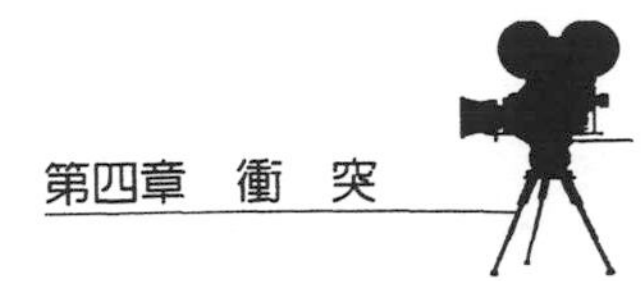

衝突比較起來，觀眾比較能夠認同前者，後者通常則流於震撼的場面。我們多少都承受過激烈的情感壓力：遭佔有慾強的母親要脅，被專心事業的父親冷淡，對一位老師失去信任，被青梅竹馬背叛等等，幾乎都是衝突的來源，但是這些衝突很少用流血或暴力的方式解決。

《戰慄遊戲》（*Misery*）（1990）中，男主角保羅・謝頓是個成功的作家，剛完成一部小說，在這部小說裡，他安排女主角命喪黃泉。後來作家發生車禍，幸虧護士安妮將他自死神魔掌中救出，最後她卻把他監禁起來，施以酷刑，極盡荒誕之能事；其中最令他痛苦的，就是安妮將作家的手稿燒毀，那手稿只有一份，而且是保羅耗費兩年，用創新手法完成的作品。

《靈慾春宵》（*Who's Afraid of Virginia Woolf*）（1966）片中，喬治殺了瑪它想像中的孩子，讓瑪它遭到既殘酷又難以忍受的痛苦。嚴格地說，孩子只是出於他們的想像，並沒有外在的暴力發生。然而瑪它卻覺得自己彷彿眞的死了孩子。

2.3 家庭衝突或一般衝突

最具代表性的衝突就是家庭衝突。無論對哪一個文化而言，家庭衝突都是敘事和戲劇的來源。家庭衝突最容易受觀眾認同。在我們的生命歷程中，每一個人至少都有一次自己引起家庭衝突或受家庭衝突波及的經驗。《克拉瑪對克拉瑪》

（*Kramer versus Kramer*）（1979）、《和死神打交道》（*Petits arrangements avec les morts*）（1994）、《史耐普》（*The Snapper*）（1993）、《性・謊言・錄影帶》（*Sex, Lies and Videotape*）（1989）、《蘿絲》，甚至伊底帕斯王的神話，其衝突皆起於家庭。雙方不一定要是敵人，就是兩個朋友、夫妻、兄弟姊妹之間的衝突，也會引起悲劇。家庭衝突可能極爲嚴重：

★哈姆雷特的叔叔殺了自己的哥哥，娶了哥哥的妻子。

★伊底帕斯弒父娶母。

較不激烈的則有：

★小男孩史耐普的父親德西克利，想知道是誰把長女的肚子搞大了。

★雖然新登王位的叔叔下令禁止，安蒂岡妮（Antigone）還是堅持依照原來習俗，讓自己的兄長入土爲安。

★《蘿絲》片中，和母親關係親密的蘿絲，必須面對失蹤十餘年後再度出現的父親，對她施以性侵犯。

2.4　衝突和喜劇

許多喜劇讓人覺得是在銀幕上歡欣優雅的演出，在結局的

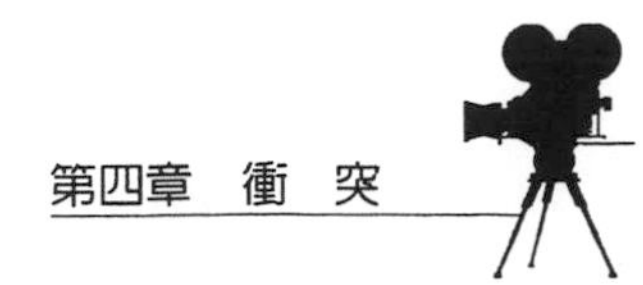

時候給人留下愉快的印象。其實，衝突是戲劇的靈魂，即使是在喜劇中，也一定會表現衝突。

《萬花嬉春》（*Singin' in the Rain*）（1952）是一部典型的歌舞片，輕鬆討喜，主題是講有聲電影崛起後，默片的未來何去何從。兩個時代電影藝術的衝突，化身成兩個相互衝突的人物，象徵過去和未來的對立。

《風雲人物》（*It's a Wonderful Life*）（1946）是凱普拉最成功的電影之一，如同凱氏其他作品，結局大致圓滿。然而在圓滿的氛圍下，其實存在著情感和社會衝突，巧妙的編劇，將嚴肅和深刻的部分隱藏其中。

有人說：「喜劇是由痛苦的回憶而生。」換句話說，就是「喜劇是由修正過的衝突而生」。大部分的喜劇都對現實重新畫定規則；在這個現實中，衝突通常都是主角失敗的原因，後來由主角一一克服。比如說，在《七次機會》（*Seven Chances*）片中，一座房子的正面倒向主角巴斯特時，他剛好站在房門口，逃過死劫，連他自己都還不知道發生了什麼事。一切外在衝突的規則被打亂了。如此一來，讓我們可以暫時擺開平日遭遇的衝突，進入一個彷彿可以掌握衝突的世界。

2.5 衝突和主角

戲劇的傳統規則之一，就是希望藉由衝突改變主角。這個理論可上溯到亞理斯多德：衝突影響主角的程度，連主角和觀眾都可以感覺得到。在下列數例中，我們會發現，並非所有劇本都符合這個規則的要求。一方面，主角性格的蛻變，未必使之獲得提升；另一方面，即使少了一則改變，也很少會阻礙劇情的進行。

《北非諜影》（*Casablanca*）（1942）片中，主角瑞克似乎置己身於二次世界大戰和德軍攻陷巴黎等事之外。然而，受到各種影響，瑞克的性格逐漸改變，從陰鬱、冷酷和漠不關心，變得勇敢、善體人意和令人敬重。就是因爲主角的轉變，讓故事有了結局。

《終極追殺令》中的「獨行俠」，乃模仿典型西部片主角的形象；電影一開始時，主角獨來獨往、冷漠又難以親近，是一個冷面殺手。與馬蒂達相遇將他徹底改變，甚至爲她犧牲。

《時空急轉彎》片中，只有賈古依擺脫了中世紀領主附庸的身分，完成某種程度的蛻變；相反的，賈古依的領主卻始終沒有改變，希望重拾自己在中世紀封建制度下所擁有的地位。

《霸道橫行》是個值得注意的反例。就是因爲白先生賴利〔哈維・凱戴爾（Harvey Keitel）飾〕拒絕改變，仍謹守忠友的幫約，不去了斷和其實是警察來臥底的橘先生〔提姆・勞士（Tim Roth）飾〕之間的友情，引起幫派內訌，最後以幫派成員互相殘殺收場。

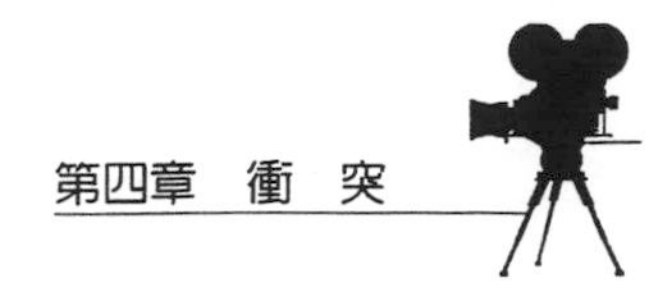

主角性格的演變和提升，在當代電影中隨處可見。人物一定要在解決衝突後，才會有所蛻變。這項法則，有些人會認爲是劇本寫作中最有利的手法。然而，若認爲人經由一種象徵性和即刻的方式，就可以有所改變，豈不是太天眞了？觀眾又如何會期待故事中的人物，如此這般就能有所改變呢？

2.6　衝突和解決

傳統的敘事結構，將衝突置於戲劇的中心；一般認爲，衝突獲得解決，故事亦走向結局。因此衝突和結局之間相互影響力很大。我們知道，若衝突沒有解決，故事也不會有結局。

分析衝突的解決，我們發現電影敘事的結局有三類，特性是三者常交相呈現：

★衝突獲得解決，合乎預期。

★衝突獲得解決，不合乎預期。

★衝突未獲解決，但合乎預期。

衝突未獲解決，亦不合乎預期，可歸爲第四類，但是在西方文化和電影工業的經濟需求下，很少會產生這種組合。

先來討論所謂「合乎預期」的定義。

用合乎預期的方式使衝突獲得解決，可使觀眾的情緒得到抒發，即所謂「淨化痛苦」的作用[2]。淨化作用通常在戲劇結局和衝突解決時發生，能帶給觀眾某種快樂和滿足，並對戲劇和自我的存在有更深刻的瞭解。最好不要使用突如其來的大轉折（deus ex machina）來解決衝突。此外，戲劇演出對觀眾所產生的淨化作用，不全然是劇作家能掌控的。編劇不論如何創作，其作品所訴求的觀眾各形各色，其喜好、期盼、心理情緒皆有不同。然而，在上述三類衝突解決類型中，通常還是由編劇決定是否要合乎觀眾預期。衝突未獲得解決，也有可能非常合乎預期，因為當初編劇的設計就是如此。同樣的，衝突雖獲得解決，卻也可能令人深感困惑，就如我們在《唐人街》（*Chinatown*）（1974）一片中所見。此外，我們還要強調一點，即衝突的解決是否合乎預期，受觀眾個人理解的影響；對某個人來說，衝突已經解決或完成，對另一個人來說則未必如此；同樣的，對某個文化來說衝突解決很合乎預期的電影，對另一個文化來說可能很不合乎預期。不論如何，接下來我們還是試圖在西方電影中提出例子，來說明三種衝突解決的類型。

衝突獲得解決，合乎預期

結局代表衝突獲得解決，在典型西方電影中習以為常，衝突的解決通常希望能合乎觀眾預期。大部分的通俗電影都以此為前提。

《北非諜影》片中，瑞克解決了和自己、和德國政府、和

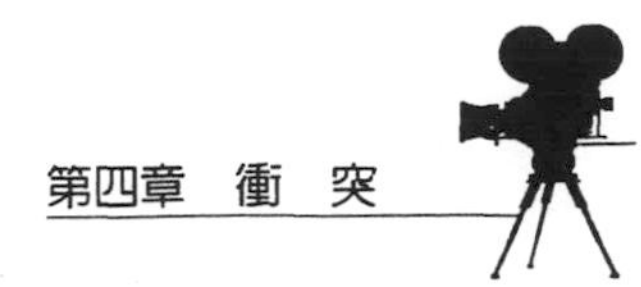

維琪政府，以及和他所愛的女人之間的衝突。種種不同衝突的一一解決，使電影的結尾頗爲苦澀，雖然他所愛的女人最後死了，但卻合乎預期，在電影的世界中具有眞實感。

《霸道橫行》中衝突的解決特別激烈血腥，完全是由片中人物的性格所造成。衝突的解決，代表敘事已接近尾聲：所有人物都死了，即使結局並不令人愉快，卻非常合乎預期。這些「敗類」自相殘殺，不假外力。劇情未破壞道德原則，而我們卻因爲覺得劇中人物罪有應得，而莫名其妙地沾沾自喜。在此我們姑且不論該事件的道德層面。

《伎倆》（*Manèges*）（1949）片中，羅伯發現他的妻子朵拉從來就沒有愛過他。一段長時間的倒敘，讓羅伯發現這個事實；彼時正當朵拉遭遇變故，躺在醫院病床，生命垂危之際。羅伯開朗樂觀，對摯愛和自己的婚姻深具信心，然而朵拉的母親卻讓他發現令人傷心的事實：其實他被她們母女倆騙了。主要衝突於焉確立。羅伯解決這個衝突的方法是：拋棄臥病在床、奄奄一息的妻子，請岳母代爲照顧。這個決定帶出電影的結局，雖說結局殘酷，但也非常合乎預期，因爲編劇賈克・席莒（Jacques Sigurd）精心運籌，就是要讓觀眾痛恨他一手塑造出來的魔鬼。

衝突獲得解決，不合乎預期

許多電影的結局中，衝突都以不合乎預期的方式獲得解決，之所以不合乎預期，一方面導因於觀眾的主觀判斷，另一方面則是由於作者多少都根據自己的意願，干預了衝突的解決方式。

《末路狂花》的主要衝突，來自兩個被男人奴役的女人，隨著劇情的發展，她們愈來愈想擺脫這種不平。這個衝突將以激烈的方式解決。這兩個殺了人的女人，爲了不受以男人爲主體的司法制度制裁，寧願自我了斷。兩人躍入大峽谷自殺身亡，解決了主要衝突，卻不合乎預期，因爲她們縱身一躍，似乎放棄了向司法爭取公平正義的權利，而這正是編劇卡莉・庫利（Callie Khouri）所要的，「因爲這兩個女人，雖然殺了人，卻絕不值得以命相抵。」

《少女與死》（*La Jeune Fille et la Mort*）（1995）片中的衝突以模稜兩可的方式解決。女主角過去是激進的反對分子，現在和丈夫隱居中南美洲某國海邊。因緣際會下，一個陌生男子來到家中，她覺得彷彿就是以前凌虐過她的仇人。從此以後，女主角滿腦子都在想要怎麼報仇。後來仇人在受盡女主角種種虐待後，俯首認罪，女主角很高興他終於認錯，就放他一馬。雖然衝突解決了，兩人卻沒有眞的扯平。電影結局時，女主角

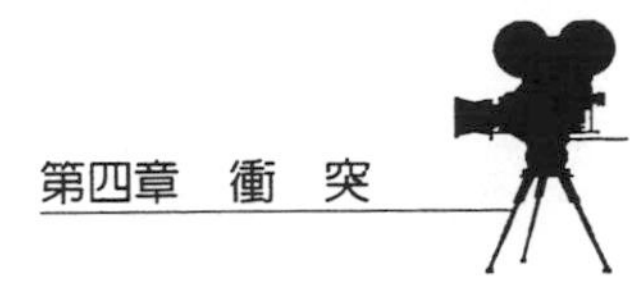

終於可以在音樂會上放心聆聽舒伯特的《少女與死》（這也是仇人最喜歡的樂曲）；正當此時，仇人身旁圍坐著家人，他從音樂廳樓台的高處，注視著女主角。這段仇人和受害者之間長時間的眼神交流，說明他們對於自己的恐懼（兩人都是施虐者和受害人），對於墮入彼此仇視、無以名狀的處境，有了新的體認。他們深邃又謙卑的眼神，承認了既往的墮落，也浮現出和解與重生的希望。

衝突未獲解決，但合乎預期

有些電影的衝突以合乎預期的方式解決，有些電影的衝突沒有解決，但結局卻合乎預期，兩者有時難以清楚界定。

《少女與死》一片在上文中被歸類爲衝突獲得解決的電影。而觀眾則將之視爲衝突未獲解決的電影。主角沒有眞的報仇。她放了殺手。但對某些觀眾而言，情緒淨化的作用，正來自於這一層對人性更深刻的體認。

《鳥》（*Birds*）（1963）所呈現的問題與前者類似。主角梅蘭妮和布烈楠之間的衝突，特別是她和他那佔有慾強的母親之間的衝突，最後都獲得解決。但是片中一直有鳥群出現。牠們從哪裡來？爲什麼消失？會再回來嗎？我們不得不注意這些飛禽的象徵性和宗教意義。鳥群的出現，無從解釋，不合常理，象徵人類不可能瞭解自然，也表現出我們無法接受自己的命運。這個衝突是不能解決的。也正因爲衝突沒有解決，使我們深感困惑，但也瞭解到深感困惑的原因。

《阿瑪珂德》是一部由眾多人物交織而成的電影，劇情似乎僅佔次要地位，但片中也有一個在夢想和現實之間形成的重要衝突，永遠不會解決；強調衝突不可能獲得解決，是該片的主旨。在該片的最後一景，盲手風琴師面對著觀眾看得見、他卻看不見的景象。

最後舉《唐人街》一片爲例。這部片的衝突在驚恐中解決。本片是巧妙運用衝突建構劇情的最佳範例之一，無庸置疑。電影的外在衝突爲我們所熟知：私家偵探傑克・吉德負責查明一件失蹤案，這卻使他另外發現一起謀殺案，一件亂倫案，和一樁大宗舞弊案，這一切都和一項河流改道工程有關：該工程汲取北加州某個肥沃河谷的河水，以灌溉南加州乾旱的廣大平原。吉德的內在衝突，因本身的性格而起。他符合好萊塢塑造的私家偵探典型，不好對付，沈默寡言，冷靜，非常多疑。就是這些性格特質，驅使吉德繼續調查案情，導致眾叛親離。卻也使他沒有料到他的情人──諾亞・克羅斯的女兒艾維娜，曾試圖暗示他：其實她的父親，就是市政府和家族中貪污賄賂的始作俑者。吉德無法解決自己的內在衝突：他本來疑心重重，卻因爲喜歡艾維娜，使得衝突的解決來得太慢。

《唐人街》片中衝突的解決，和同類型電影中常見的解決

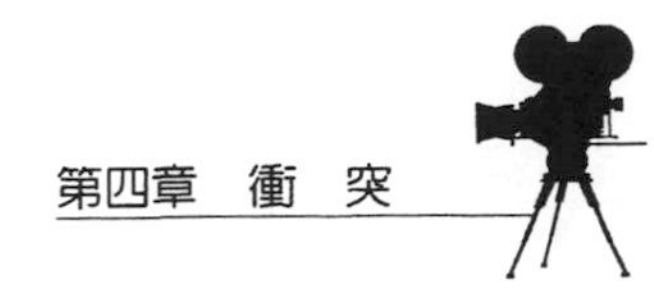

方式正好相反。艾維娜是她父親罪行的唯一證人（她兒時曾遭父親強暴），將遭暗殺。她的女兒年僅十六，將託付給祖父照管，其實祖父就是十六歲女兒的親生父親，可預見他將對少女做出同樣的行徑。更有甚者，洛杉磯和南加州爲了獲取維生必需的水源，汲乾河谷，禍及數百戶小規模的農家，如果吉德能早點解決自己內在的衝突，種種不公就可以避免！

該劇本衝突解決產生的方式，可說是一種創新，值得一書：其實，編劇羅伯・托溫（Robert Towne）寫了好幾個結局，其中就有一個「happy end」（圓滿結局），艾維娜活了下來，折磨她的父親。而我們所看到的結局，是在電影剪接時才選定的，可見後製作對劇本亦會造成影響。

註釋

1 科學達爾文主義，推翻上帝造人的觀念，不認為自然進化有所謂「目標」和「最終目的」。物種進化是為了成為一個特定的物種，然而所有的物種都不斷地在演化，所以該特定物種也只是暫時的狀態。如果將達爾文主義運用到戲劇研究上，則所謂「目標」和「最終目的」這些具末世意味的要素，就有了意義，因為戲劇是作者的創作。作者就是神，就是造物主。

2 亞理斯多德認為，「淨化」乃是悲劇演出時，對觀眾產生「淨化痛苦」的作用。

第五章
結　　構

1.劇情安排

戲劇結構乃是一套劇情安排系統，對於彼此之間有所關聯、而最後引發戲劇結局的大小事件，作一個線性的安排。

編劇可運用數種不同的敘述方法來安排敘事，例如：

★連結不同片段的手法，比如時間省略、倒敘、直接切換和同步剪輯等等；這些手法都會直接影響時間和長度。

★撰寫劇本時，安排劇情的手法，像戲劇發展、逆轉、劇情副線、懸疑等等，以及各種用來安排事件先後順序的敘述方法。

★分幕敘事：三幕結構。

★當然還包括傳統的編劇規則，比如危機、衝突、高潮和解決，這些在本書第二章和第四章皆已有過詳細討論。

1.1 時間和長度的安排

一個敘事若沒有充分的敘述空隙和時間空隙，就不能完成。只有極少數是例外。敘述空隙和時間空隙的安排，必須特別謹慎。有幾個電影敘事，藉由其形式和長度，「企圖」和實

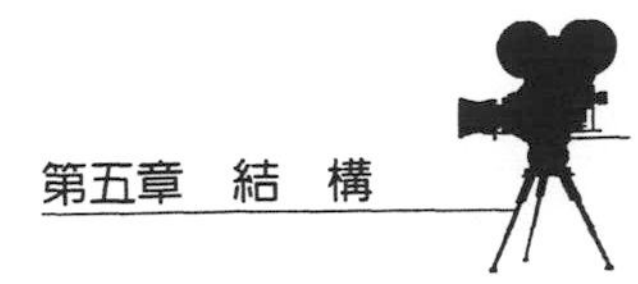

際時間同步進行。《日正當中》片中，在警長辦公室內，有一個時鐘，會固定出現，顯示實際經過的時間，和敘事時間九十分鐘不謀而合；《奪魂索》亦使用類似手法；再以《計畫》（*The Set-Up*）（1949）這部片為例，在電影中，敘事時間是從九點五分開始，於十點十六分結束，恰好吻合電影長度整整七十一分鐘。其實大多數的電影，在時間和長度之間都必須有彈性，電影敘事必須在時間上著意安排，才能讓觀眾經由電影敘事的暗示，瞭解故事經過的時間[1]。編劇可以運用諸多技巧，來處理電影中時間的課題，使觀眾融入由此塑造出的時間幻象。

省略

省略最簡單的定義就是：刻意省略一部分的訊息，一段故事；省略的手法會影響敘事的長度。

一是場面之間的省略手法。這是編劇最常使用的技巧。當場面間直接切換，或從一個場面過渡另一個場面時，經常會使用到場面省略的手法，編劇必須格外謹慎處理。例：一個標題為**內景－房間－白天**的場面，緊接著標題為**外景－人行道－夜晚**的場面，在銀幕上，是兩個在敘述上前後相連的場面，但兩者時間上並不相連，編劇就使用時間省略的手法來連接兩個場面。除此之外，當前後兩個場面的時間相連，但地點不同時，也會運用場面省略的手法來處理。

一是場面中的省略手法。當人物在公寓中走動時，我們沒有必要跟隨他的每個動作，也會使用省略手法來處理。然而編劇必須留意：處理不好的省略手法，可能會造成意外的效果。人物穿著藍毛衣、拿著麵包刀進廚房，出來的時候卻換成一件裙子，手拿生菜沙拉籃，雖然引人發噱，但可能會打斷敘事本體和敘事過程。喜劇使用省略手法，僅僅是爲了得到詼諧的效果。《七次機會》片中，巴斯特・基頓（Buster Keaton）將狗的成長情形快速剪接，使一隻小狗在瞬間長成大狗。在同一部片中，主角要出發到一個地方；當他進入車內時，背景是他正準備離開的地方；畫面在淡出淡入後，背景地點換到人物要到的目的地，人物再下車。在《大國民》（*Citizen Kane*）（1940）一片中，有一個時間省略的手法特別出人意表，因爲是從一句從不分開說的應景話「聖誕快樂，並祝新年Merry Christmas and Happy New Year」中表現出來的。小凱恩年約八歲。他的家庭教師柴契爾祝他「聖誕快樂……」（Merry Christmas……），凱恩也向老師回賀。畫面又回到柴契爾身上，這時已過了二十多個年頭，柴契爾接著從容不迫地說出「……並祝新年」（……and Happy New Year）。在幾個畫面過後，我們發現凱恩已經長大成人，一句話就把二十年一筆帶過[1]。

由此可見，省略是一種重要的結構性手法，它可以加快敘

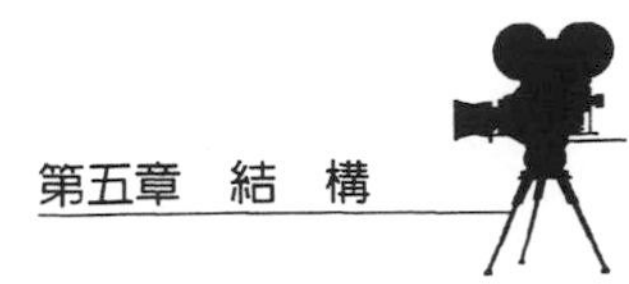

事的腳步。省略的手法也可以讓編劇直接切入一個場面的意義核心。雖然我們建議每個場面都要有開頭、中段和結尾，但是若使用省略手法，截去場面開頭或結尾的一部分，就可以收攏各場面的長度。太長的鋪陳和細部的發展，總會使敘事拖長加重，通常沒有必要。不過有一種劇本寫作方法，爲編劇專業所使用：先將構成整個場面的物質和時間條件，巨細靡遺地寫下來；等修改的時候，編劇認爲沒有必要的地方，就快刀斬亂麻。

省略的相反，即所謂延長，並不常使用；在打鬥場面中則會出現，西部片尤其如此。西部片的打鬥場面，由連續不同的鏡頭組成，先是槍砲的鏡頭，然後是對決者的鏡頭，對決者的動作，經常以慢鏡頭拍攝；最後是雙方開火的鏡頭，一連串鏡頭下來，使整個敘述時間超過實際時間。《迷魂記》中，當史考提終於和「他的」瑪德琳重逢時，那很長一段的擁吻，就是最佳的範例。

電影時間和實際時間不謀而合時，其重點通常集中於人物間的互動，讓觀眾能不間斷地咀嚼人物、體會深入人物的樂趣。《末路狂花》、《沈默的羔羊》和《性・謊言・錄影帶》就是其中幾個例子。

倒敘

電影開頭的倒敘，瞬間回溯人物或敘事的過往，目前愈來愈被認爲是過時的鋪陳手法，在電影敘事中不再有地位。與其要運用劇情結構，偷懶的編劇的確比較容易選擇在電影開始的時候，用倒敘手法向觀眾傳達訊息。也就是說，屬於好萊塢慣用的敘述手法——倒敘，總有它存在的理由。

編劇應盡可能避免使用以對白提供訊息的倒敘手法。這種倒敘的手法，最常安排主角在電影開頭時自述過往。這段敘述的人聲，米歇爾席翁（Michel Chion）歸類爲「自白」（參閱本書第三章3.1），向觀眾述說一些爲了順利進入敘事，所應該知道的訊息。

以影像傳達訊息的倒敘手法比前者略高一籌，但仍屬於平庸的鋪陳手法。然而，許多著名的電影，比如《大國民》、《小巨人》甚或《安妮霍爾》都善用此類開啓敘事的方法，而且沒有落入單調呆板的窠臼。

電影開頭的倒敘不應和電影開場混淆。電影開場也是發生在過去的事，但並不是在作倒敘。所謂開場，是在電影一開始時，先有一段發生在幾個月或幾年前的情節，接下來才是第二個場面或段落；在兩個段落之間，跨越了一段時間。「迷魂記」和《二〇〇一：太空漫遊》（*2000：l'odyssée de l'espace*）

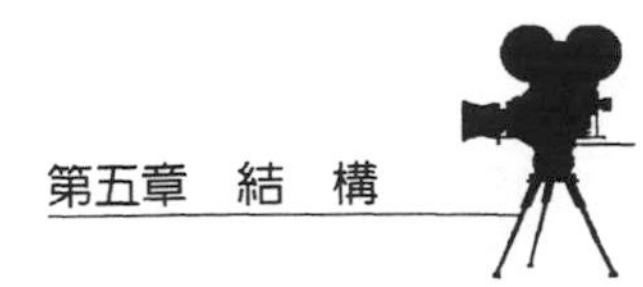

（1968）就使用這種手法。

敘事本體的倒敘和電影開頭的倒敘，兩者的功能不完全相同，因爲前者通常較具戲劇性功能，不若後者僅爲傳達訊息給觀眾。在最理想的情況下，敘事本體的倒敘，甚至可以協助揭露人物心理層面的複雜性。然而，這種揭露主角動機的方法，尚有可議之處；編劇最好運用當下的情節，讓人物活現在觀眾眼前，並於同時揭露人物的動機。

但是，當「要表達原來被自我意識掩抑，卻驟然湧現的回憶」時，倒敘看來的確是特別適合的敘述手法。許多電影劇本寫作，非常受弗洛依德（Freud）理論的影響，在主角回顧過去或揭露往事的時候，就會運用倒敘的手法。茲舉數例：《豔賊》（*Marnie*）（1964）、《意亂情迷》（*Spellbound*）（1945）和《夏日癡魂》（*Suddenly Last Summer*）（1959）。

倒敘手法有趣的一點，就是觀眾會自動將倒敘認爲是人物過往的眞實回憶，認爲過往描述的都是事實。就有數部電影以此故弄玄虛，讓倒敘說謊，最有名的例子就是希區考克的《慾海驚魂》（*Stagefright*）（1950）。

我們建議編劇謹記，從定義上來看，倒敘通常會延緩或停止情節的進行；在倒敘中，我們看到的是主角過往的動機，而不是主角當下的心境。

同步（或替換）剪接

同步剪接本身和名稱所顯示的大不相同。同步剪接並不是電影拍攝完畢後的剪接動作，而是劇本的一種寫作手法。同步剪接屬於戲劇的敘述手法，在劇本寫作時使用，所以屬於編劇的責任範圍。

省略的手法可以縮短時間，特別是縮減兩個場面之間的時間；同步剪接則會延長電影時間，用一種緊密相接的方式，表現兩個或數個在同一時刻、不同地點發生的事件。例如，在一個打鬥場面進行的同時，亦表現出等待中女人的焦慮或得意。通常同步剪接所要表現的，乃是被故事人物所忽略的部分。雖然兩個場面前後相繼出現，但其實是同時發生的。電影的時間因此變得比實際時間長。這其實是一種固有的文學傳統手法。

1.2 敘事方法的運用

除了處理敘事長度的幾個手法，我們也會特別使用某些敘述方法，來安排敘事中事件的時間順序。

戲劇發展

推動所有戲劇元素走向敘事結局，即所謂戲劇發展。戲劇發展的形成，運用許多特殊的手法，比如：運用場面長度、場

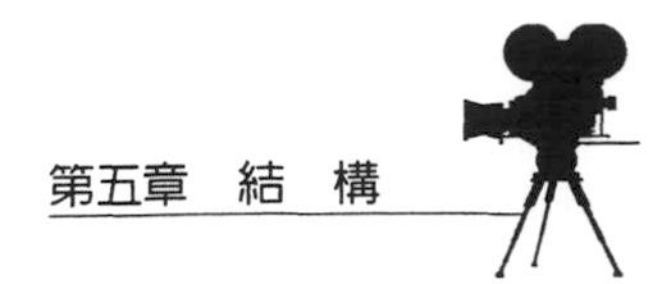

面複雜性或場面的先後順序。

從場面的先後順序和場面的揀選，可以決定劇情，並創造出電影的結構。以下的劇情由五個連續的段落組成：

★一個女人被暗殺。

★她的丈夫被捕受審。

★女人丈夫的情婦發現他的罪證，卻決定幫他隱瞞。

★女人的丈夫獲判無罪。

★女人的丈夫和他的情人遠走高飛，到加拿大生活。

下面的這組劇情也由五個連續段落組成，但是事件發生的先後順序經過調換：

★一個女人被暗殺。

★她的丈夫被捕受審。

★丈夫的情婦在審判中全程護航。

★兩人遠走至加拿大。

★到了加拿大，丈夫的情婦才發現他的罪證。

僅僅把女人丈夫罪證被發現的場面調換位置，就可以改變劇情，女主角本來是罪行的共謀，變成無辜的受害者。

請注意，每個場面都有各自的結構，就像一部電影的整體結構一樣，由開頭、中段和結尾組成。

劇情副線

劇情副線是一個將主旨加強到作品整體的戲劇要素。劇情副線不能存在於主要劇情的人物之外，劇情副線依附劇情主線，藉由副線中的轉折和人物，強調和輝映主要劇情，並提出另一種詮釋。劇情副線只能根據主要劇情來發展，必須隨時和主要劇情維持實在的關係，絕不只是旁出的枝節或陪襯而已。

許多電影劇本沒有劇情副線。比如《致命的吸引力》（*Fatal Attraction*）（1987）、《駭浪驚情》（*To Have and Have Not*）（1994-1995）或《回到未來》（*Back to the Future*）（1985）。也有很多電影的劇情副線，因爲不是根據主要劇情塑造出來的，所以難以讓人察覺。

建立劇情副線，目的在於闡明主要劇情，統一主旨。《音樂盒》（*Music Box*）（1989）是箇中佳例。女主角安塔波是律師。她的父親米歇爾·拉茲羅是匈牙利戰犯，遭到起訴，請求女兒爲他辯護。主要劇情多發生在法庭，或圍繞在律師與當事人之間的關係。相反的，劇情副線則專門處理父親在戰時犯下的罪行被揭發後，對女兒的影響爲何。她是否應該繼續爲父親辯護？

《罪與愆》（*Crimes and Misdemeanors*）（1989）令人激賞，教編劇新手也必須探索劇情副線的價值、功能和意義。片

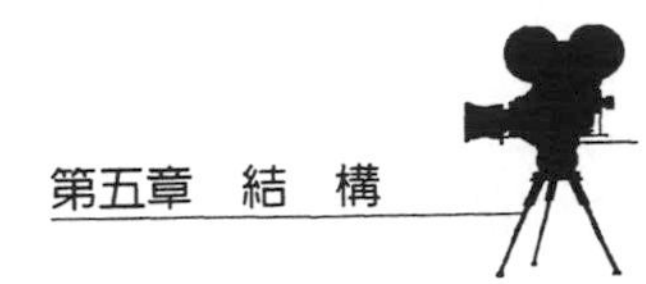

中劇情的發展以多線同步進行：

(1)眼科醫生裘達企圖擺脫情婦的糾纏，卻徒勞無功。醫生的胞弟建議他請職業殺手滅口了事：多洛莉就此消失，醫生也不用擔心東窗事發。

(2)導演克利夫（伍迪·艾倫飾）想爲一位哲學家拍紀錄片，卻徒勞無功，這個主題沒人有興趣。克利夫的姊夫是電視名人，建議克利夫拍一部介紹自己的紀錄片。雖然百般不願意，克利夫還是拍了這部既挖苦人又爆笑的紀錄片，描繪姊夫的眞實性格，後來這部片子當然不得見天日。

兩線劇情彼此交錯。

(3)劇情的第三線，表面上看起來比較不重要。主角是一個視力嚴重衰退的猶太拉比。裘達是他的眼科醫生；只要有猶太教聚會，他一定參加。

4.克利夫還來不及拍哲學家的紀錄片，哲學家卻過世了。

各線的劇情之間，以道德與認知爲主旨，交相貫串。茲述如下：

★謀殺多洛莉的罪行未遭處罰。

★克利夫的作品因爲不會有任何人看到，等於遭到另一種形式的謀殺。

★學術名聲建立在體認眞理本質的哲學家，死了。

★代表知識和精神智慧的猶太拉比，瞎了。

逆轉

逆轉是在敘述中遽然發生的改變，通常未能預知，直接影響人物或情境。一般說來，逆轉都是不好的預兆。情節逐漸偏向和預期相反的方向，但情節偏離的方式自然而不生硬，符合亞氏所謂的眞實感和必然性（參閱第一章）。

逆轉是三幕結構的戲劇要素之一（參閱本章1.3），英語系國家稱之爲"plot-point"（轉折點）[2]，點出劇情的極重點。其中最有名也最富戲劇性的例子，大概就是神話故事「伊底帕斯王」中的情勢逆轉：信差在歡欣報喜之際，怎知正向伊底帕斯王揭發了其妻爲其母的事實！

逆轉除了具有加強戲劇張力的功能外，還能提高觀眾對人物命運的興趣，建議編劇可適當使用。

《糊塗情殺案》片中，妮蔻和克莉絲汀先用藥昏迷宿舍主任米歇爾，再將之置於浴缸溺斃後，把屍體扔到游泳池裡。她們把池水放空，卻發現米歇爾的屍體不見了。對兩個女主角和觀眾來說，這不僅是一個意外，亦是一個劇情的逆轉。

《驚魂記》（*Psycho*）（1960）片中，女主角珍妮・李偷了老闆四萬美金，開車逃逸。她受不了良心的譴責，把車停在一家離高速公路很遠的小汽車旅館裡，卻遭人殺害。這個劇情逆

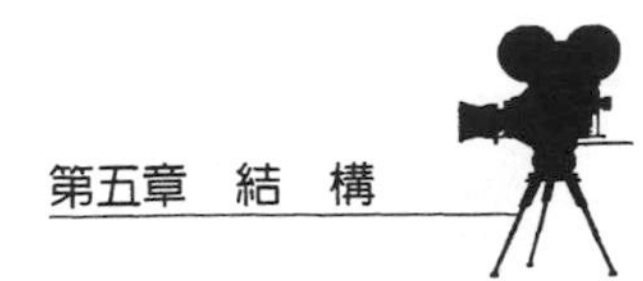

轉，一方面冷嘲後悔有害無益；除此之外，該逆轉讓當時還是主角的人物就此消除，是值得注意之處。此外，此一逆轉亦清楚點出第一幕的結尾。

逆轉和劇情突變（coup de theatre）兩者難分軒輊，不過後者總是出乎意料，之前無法以任何方式預知。《亂世浮生》片中，福格的「女友」揭穿自己是男兒身的場面，是幾個劇情突變（亦具有逆轉和危機的功能）的典範之一。

可惜的是，劇情突變通常缺乏眞實感。比如在戲劇發展到結尾時，使用大轉折的手法，造成劇情突變。劇本作者在找不到合適的衝突解決方法時，最常使用劇情突變的方法。大轉折的策略不太高明，用不自然又不合邏輯的方式解決問題，就像某些西部片中，騎兵總在最後一秒鐘才趕來搭救拓荒者。莫里哀（Molière）本人並沒有小看這種手法。他的劇作《僞君子》的結尾處，國王出現，原諒一切，饒恕所有的人，就是大轉折的最佳範例。

懸疑

懸疑的效果完全仰賴鋪陳的技巧，等待是懸疑的基本要件。當觀眾已經知道某件事，並且感到害怕，而主角卻毫不知情時，懸疑的效果於焉產生。編劇必須注意觀看角度的轉換，盡可能考慮到觀眾的觀點，才能在敘事中善用懸疑的手法。至於該不該讓觀眾比主角提先知情？就此議題，希區考克如是分析意外和懸疑的不同：「我們正在聊天……桌子底下有一只炸彈。我們不知道，觀眾也不知道。炸彈爆炸了。大家都覺得意外。就這樣了。同樣一個場面，假設觀眾知道桌子下有炸彈。現在我們就進到懸疑的領域了，因爲觀眾（事先知情，不耐煩地）等著炸彈爆炸。第一種情況，給觀眾十五秒的意外，第二種狀況，給觀眾十五分鐘的懸疑。」

《後窗》（*Rear Window*）（1954）片中，主角傑夫憂心忡忡地觀測對面的公寓，他認爲屋主犯下一宗謀殺案件。這時傑夫的未婚妻莉莎撬開公寓門鎖，潛入翻搜，卻未察覺屋主舍沃已經進門。傑夫坐在輪椅上，動彈不得（他斷了一條腿），無計可施，而我們觀眾也幫不上忙。演員和觀眾一起提前知情，只能在驚恐中眼睜睜看著莉莎遭舍沃突襲。

1.3　三幕結構

有開始，有中段，有結尾的一體形式。

亞理斯多德《詩學》

整體而言，美國的編劇和戲劇藝術教授，以及用他們上課內容編成的劇本寫作課本，似乎都很強調結構的觀念。再者，當代美國編劇依慣例都必須塑造一個主動的人物，以人物的意

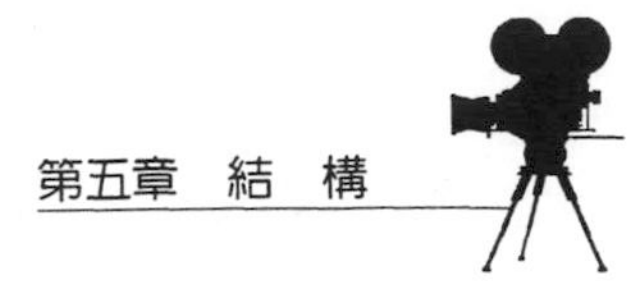

志作爲敘事的動力。而歐洲戲劇的結構和劇情，就極少受這一套固定公式的影響，因爲歐洲人對制式化的東西似乎不太自在。其實，歐洲電影也是依循類似的模式，尤其是所謂的三幕結構。不論形式是兩幕式、三幕式或其他形式，也不論編劇技巧的優劣，電影劇本的結構——也就是戲劇敘事的安排——都是寫作時最難掌握的要素之一。席德・菲爾曾苦心研究劇本結構的問題；1979年，他的第一本劇本寫作手冊問世，主要在說明三幕結構之功效、必要性和普遍性。我們應該仔細探究劇本的三幕結構，因爲正如亞吉（Age）所言，「凡例外者，毋需抄襲。」

距今約莫兩千五百年前，亞理斯多德最先爲三幕結構下定義。儘管由來已久，但直到現在，許多劇本寫作手冊仍建議編劇使用亞理斯多德主張的三幕結構，以爲作品成功的保證。不過，如前所述，三幕結構並不是那麼一枝獨秀，其他形式的結構也在電影敘事中發揮作用。不論如何，「令人困惑的是，事實證明，不論在美國或其他國家，許許多多的電影，包括一些現代手法的作品，都採用三幕結構的模式，可見三幕結構並不專屬於古典或現代的範疇。」

席德・菲爾所闡述的三幕結構，以一本一百二十頁的劇本爲基準，大致劃分如下：

開頭	中段	結尾
第一幕	第二幕	第三幕
鋪陳和就位	劇情發展	衝突的解決和結束
第一～三十頁	第三十～九十頁	第九十頁～一百二十頁

第一幕

第一幕主要是鋪陳，此時觀眾接收一切有助於瞭解劇情走向的訊息。包括主題、氛圍、人物、地點、風格，特別是主旨，都應在劇本鋪陳時建立起來。在劇本前十五頁中，很快地將這些訊息說明完畢，不但有助於劇情發展，也能引起觀眾的興趣和好奇心，對接下來的劇情提出各種問題。

第一幕的結尾，經常是一個催化事件，或是一個將劇情推升的危機，預見即將發生的事件：

★《日正當中》第一幕結尾時，主角威爾・凱恩決定重返哈得雷城，這個決定推動了劇情，一個外在衝突即將發生。

★《末路狂花》中，哈倫企圖強暴黛瑪，於是路易絲把他殺了。

★《糊塗情殺案》第一幕結尾時，兩個女人將米歇爾的屍體扔進游泳池。

不過，幕與幕之間，不一定要用激烈或暴力事件來連接：

★《玻璃情人》（*Carrington*）（1995）的第一幕是以卡琳頓和利頓兩人極不相配的婚姻（後來維持了十七年）結尾。

★《證人》第一幕結尾時，避居艾米許村落的約翰·布克恢復了行走的能力。

法文電影劇本亦使用亞理斯多德的三幕結構：

★《恨》以三幕構成，第一幕結尾時，正當三人度過難熬的一夜後，走出警察局，重獲自由之際。三人開始在夜晚巴黎街頭漫漫遊蕩。

★《蘿絲》也是依照三幕結構創作。第一幕以已經變成陌生人的父親返家結尾，在第二幕時，父親漸漸開始強暴女兒的獸行。

第一幕和其他幕一樣，其內在結構，以戲劇發展爲基礎，以因果律爲原則。威廉·凱利（William Kelley）撰寫《證人》劇本時，小心謹愼地將第一幕建構成三段：

(1)迂迴地鋪陳艾米許人的生活方式。同時，山姆和母親啓程前往費城。

(2)山姆目睹兇殺現場。

(3)受傷的約翰·布克想起自己上司說過的話：「還有誰會知道山姆目睹麥考菲殺人？」才恍然大悟，原來上司竟是兇殺案的主謀，而兇案的目擊證人就是山姆。

每一段的最後，也都由一個能讓劇情繼續發展的事件收尾。

第二幕

第二幕是最長的一幕。情節在結構上的基本功能，是將劇情推向高潮，通常劇情到了高潮，就等於點出結局。第二幕藉由情節的輔助，發展劇情，確立衝突，建構人物即將遭遇的阻礙和困難，並深入主旨。

第二幕通常由一個“turning point”（轉捩點）開始。「轉捩點」在結構上有決定劇情的功能，以劇情逆轉、戲劇紐結、戲劇動力，甚或以加強劇情節奏等各種型態呈現，是構成劇情的特定要素。「轉捩點」經常驅使情節走向一個新的、出乎意料的方向。從結構上來看，「轉捩點」出現在第二幕和第三幕的開頭。在此我們稱「轉捩點」爲戲劇紐結，不應和高潮混爲一談，因爲高潮應該出現在各幕的結尾，特別是最後一幕的結尾。

《糊塗情殺案》片中，女主角妮蔻和克莉絲汀將米歇爾在浴缸中溺斃，然後將屍體沈進宿舍游泳池中；這段情節構成第一幕的結尾。漫長的等待於焉開始。屍體會被誰發現？什麼時候會發現？後來劇情起了一連串的轉折，第一個轉折就是兩人發現米歇爾的屍體不見了，不在游泳池裡，這個轉折同時也是劇情的前幾個戲劇紐結之一。緊接著的其他轉折，呈現出劇情

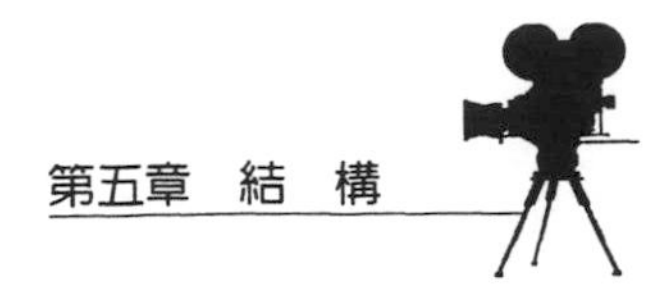

發展和恐怖片的特色：米歇爾的西裝一塵不染地離奇再現；所有人都認爲米歇爾失蹤了，卻還有學生受到他的懲罰。本齣第二幕以一個新的戲劇紐結收尾：米歇爾再度出現，他太太親眼看見丈夫活生生地從浴缸裡出來。

在節奏緊湊的第一段結束後，有些編劇利用第二幕深入人物和人物的動機。《證人》片中，約翰．布克恍然發現他的上司就是謀殺案的主使者之後，劇情的第二幕，則優游敘述約翰．布克和瑞秋的樸實愛情、田野農忙和興建穀倉等情節，其中興建穀倉是村莊的傳統，帶有神秘色彩，是本幕的主軸。

第三幕

最後一幕的功能在於解決一切衝突，帶領劇情至高潮，比第二幕短得多。編劇寫第三幕時，要特別注意，因爲第三幕是故事各個脈絡匯合的時刻，處理時必須前後一貫。有不少編劇會先決定劇情的結局。《末路狂花》編劇卡莉．庫利在動筆寫劇本之前，就已知道兩個主角最後會死。

至於結局的類型，我們在本書第四章專論衝突時，已經就合乎觀眾預期的程度，歸類出幾種類型的結局。

2. 劇本綱要

2.1 劇本綱要和結構

劇本綱要寫作是處理劇情結構時，不可或缺的技巧之一。「劇本綱要乃電影情節、人物和主題的簡短摘要，寫一、兩頁即可。」在眞正動筆撰寫劇本之前，先撰寫劇本綱要，以整理大小事件。如此一來，還可以一邊調換事件的先後順序，又不必因爲劇本已經完成而大費周章。大多數的英語系編劇習慣先撰寫劇本綱要，也就是在開始描述一個場面或一個段落的細節前，先安排敘事的結構。劇本綱要有數種寫作形式：

★半頁的簡短綱要。

★如米歇爾席翁所指，一、二或三頁的長綱要。

★內容提要，詳細組織劇情和情節的發展過程，使用散文體和現在式，沒有對白，可長達五十頁（編劇似乎對撰寫內容提要不甚熱中，因爲既然劇情梗概都知道了，那爲什麼不直接寫劇本？）。

★英文所說的outline，法文沒有同義詞，指的是劇本各個

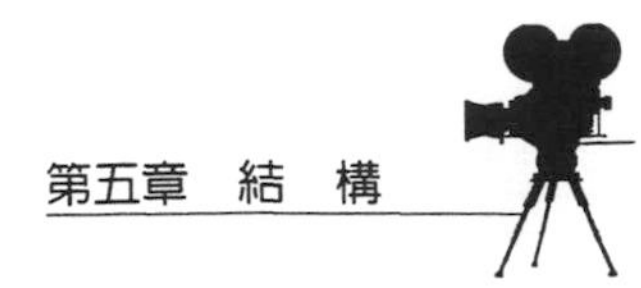

場面的摘要，不寫對白。

★最後是step-outline，法文也沒有同義詞，意謂：「按照場面順序逐步說明的劇情簡介，每個場面並依順序編號，各以一句話概述該場面發生的情節。」

在組織劇本結構時，可以循序漸進，依上文列舉的綱要寫作類型，逐一撰寫。前兩類的劇本綱要更是不可或缺：

(1)劇情簡短綱要在於說明目的，暗示主旨，用幾個字勾勒出劇情。下例爲賈克・盧塞勒（Jacques Lourcelles）所寫，可以說是極佳的pitch，所謂pitch，是美國編劇初始向製片介紹自己寫作計畫時，所使用的口述綱要，雖然簡短，將劇情「濃縮」，卻仍保有劇情的一貫性。

> 地點在巴黎。一個在路邊車站賣紐約《先鋒論壇報》的年輕美國女子，和一個殺了警察的年輕小偷在一起。年輕女子會把情人交給警方，使他終究難逃一死。[3]

雖然只有短短幾行，卻足以提綱挈領；單從字裡行間，就可以想像出劇情的危機、衝突如何解決，以及和主題相關的重要事件。有了pitch可說是萬事俱備，也可說必須從零開始。因爲要豐富這份綱要，就必須繼續發展故事。

(2)較詳細的長綱要，內文已開始分幕敘述。綱要中會註明劇中關鍵事件、誘發事件、危機、高潮、結局和情勢逆轉等等。茲舉一詳例如下，同時也藉由此劇本綱要，檢視其所使用的三幕結構。

第一幕

法朗克，護理人員，二十五歲，已經訂婚，在巴黎一家私人診所上班。他和輔助看護蘿絲安一起負責診所某一層樓的病患。當兩人都忙著照料病人時，兩個十歲和十二歲的小男孩，溜進法朗克的辦公室玩，翻閱病歷。病歷亂七八糟地掉了一地。兩個男孩趕緊收拾，然後開溜。不久以後，有一個男人正在手術室接受手術，旁邊擺著攤開的病歷。結果病人死於失血過多。操刀的外科醫生馬上發現病人原來患有血友病，病歷有錯誤。受害人家屬提出告訴。法朗克和外科醫生被判三年徒刑。

第二幕

法朗克在牢獄中遭遇嚴重的心理困擾。他被送進一家精神病院，接受治療，期間長達八年。出院時，他得知未婚妻已和另一個男人結婚。他的姊姊瑪麗，儘管已經不間斷地照料他八年之久，還是繼續照顧他、收容他。一個叫馬克的人，聽到法朗克出院的消息，就和他聯絡，想幫助

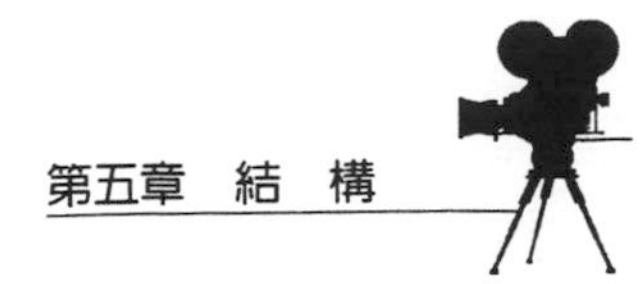

他。馬克說自己就是當年不小心把病歷調換的兩個小男孩中的一人。法朗克對這個年輕人的出現反應惡劣，拒絕接受他的幫助。

第三幕

瑪麗的丈夫克里斯瓊無法再忍受消極頹喪的法朗克。兩夫妻的婚姻瀕臨破裂。法朗克認為問題出在自己，所以離開姊姊家。幾年以後，我們又看到法朗克，他在地鐵站賣報紙。他成了遊民。有一天，他被一個年輕人叫住，問法朗克認不認得他。法朗克怎麼也想不出這個說要幫助他的年輕男子是誰。最後法朗克接受了他的幫助。

乍看之下，這份劇本綱要似乎頗合乎三幕結構的框架：第一幕簡單扼要地呈現問題，以法朗克和外科醫生被判刑（判刑的部分不具眞實感，但在此姑且不談）結尾。第二幕劇情安排法朗克住進精神療養院，他將在其中生活八年。本幕又可細分成三部分：

(1)我們對法朗克有了較多的瞭解。

(2)我們看到他試圖戰勝病魔，最後終於成功，可以出院了。

(3)我們看到他嘗試適應姊姊家的生活，卻沒有成功；本幕以法朗克拒絕馬克幫助結尾。

第三幕的開頭，從之前法朗克拒絕馬克幫助這一點來看，多少可以預見。一開始就碰到瑪麗和克里斯瓊的家庭問題。法朗克決定離家出走，變成遊民。當他再次和馬克相遇時，他接受了馬克的幫助，不過他並沒有認出伸出援手的人是馬克。

來上劇本寫作課的學生中，有人認爲這份劇本綱要的三幕結構並不完美。如果企圖尋找原因，則我們很快就會發現，這份劇本綱要最主要的問題，出在編劇對馬克這個人物的處理方法。說實在的，我們對馬克還是很陌生，無法對他的贖罪心理產生認同。他的動機也不具眞實感，因爲觀眾大可提出疑問：事隔多年，一個人還會受罪惡感支配嗎？有幾位上課的學生，認爲馬克才應該是這部電影的主角，而非法朗克。不過此劇本綱要作者堅持（作者有此權利）故事的重心還是在法朗克身上。

馬克不能讓觀眾產生認同，因此他在故事中所作的決定也不具眞實感。第一幕時，還沒有出現類似問題，但在第二幕時，爲了之後的劇情發展，出現一個重要的轉折（也就是馬克出現），這個問題就顯得非常嚴重。

另一處令人不解的地方，則是劇本綱要並沒有描述法朗克的反應。我們不知道他對馬克的感覺。他坐了三年牢，又住了八年的精神療養院，應該有權表達自己的想法。

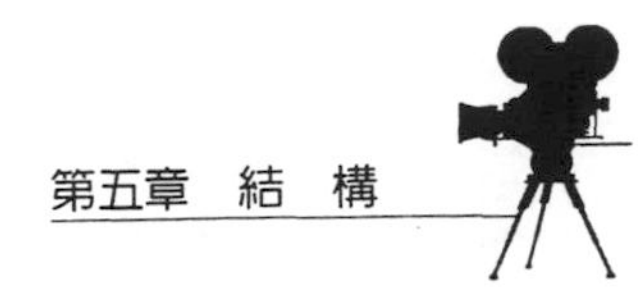

我們建議將這個劇本寫成四幕，比較自然，也顯得比較嚴謹：

(1)第一幕不予變動。法朗克這個主要人物，不受上天寵愛（他的遭遇完全不是他自己的錯，是一個非主動的人物），在第一幕結尾時鋃鐺入獄。

(2)法朗克出獄後，又被送入精神療養院。這其中的演變頗具戲劇性，值得多加注意。他在精神療養院休養長達八年。如何處理這八年的時間，非常重要。如果編劇使用省略的手法，將八年的時間一筆帶過，則原來的三幕結構還是可以保留。不過，在這八年當中，法朗克如何慢慢恢復，這其中所蘊含的重要性和意義，編劇應該加以思考。將這八年表現出來，豈不是比較眞實，同時也比較尊重人物？所以在第二幕中，有一大部分會用來表現法朗克艱難困阨的康復過程，然後才出院，回到姊姊家。

(3)第三幕則敘述法朗克落腳姊姊家，驟起家庭糾紛，以及法朗克得知未婚妻另嫁他人（之前沒人告訴他嗎？）等事件。此外馬克亦突然出現。看到屬於過去的人物馬克突然出現，觀眾和法朗克一樣意外。我們不瞭解馬克這個人，劇本裡根本就沒有敘述他的故事，所以我們不知道馬克這八年來的變化，也不知道他如何面對自己的罪惡感。他是怎麼走過來的？不論如何，總之法朗克拒絕了他的幫助。第三幕到此結束。

(4)第四幕時，法朗克在街頭遊蕩。他覺得自己一無是處，只會添麻煩，決定離家出走。法朗克長期淪落街頭的過程，不能三言兩語簡單帶過；我們必須尊重法朗克是故事主角的事實。我們想知道發生在故事主角身上的事。法朗克變成居無定所的遊民，開始在地鐵賣報紙。他心滿意足嗎？他是否自築高牆，對一切置身事外？事實並非如此。故事結尾時，馬克再度出現（中間經過若干年），再次向法朗克伸出援手。這一次，法朗克就接受了。

由以上我們得知，在發展劇情以前，有必要先撰寫劇本綱要，如此方能發現故事和人物的缺點，以及某些不眞實的情境，同時還可以檢查故事結構是否穩固。

2.2　隱藏的結構

當代編劇面臨一個由觀眾和編劇所造成的新問題。一方面觀眾明察秋毫，而編劇又企圖爲劇本形式注入生命力。劇本形式的激烈改變，產生了奇特的混合體。

《黑色追緝令》是一個特別有趣的例子。電影結構本身的大膽創新，成爲電影的主體和客體。內行的觀眾會問，塔倫汀諾是如何運用巧思，創造出超現實的劇情結構。難道他把所有場面拋向空中，等掉下來的時候再隨機接住，把接到的場面一個個重新拼貼，就這樣完成我們看到的作品嗎？塔倫汀諾就是

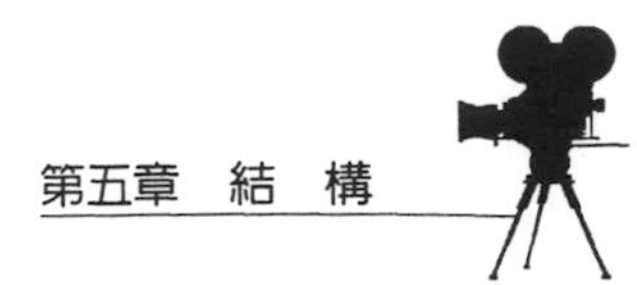

要我們產生這種感覺。單純的結構支解，揭露了另一層意義。下面我們將劇本劃分成七個部分，分別依照電影的敘述順序和實際事件發生的順序排列。

電影時間

(1)餐廳：南瓜和邦妮討論待會要打劫餐廳的事。

(2)殺人：文生和朱爾兩人穿著黑色西裝，在走廊上邊走邊愉快地聊天，然後推開一間公寓的大門，把裡面的兩個人殺了。

(3)馬索勒的酒吧：當文生一個人穿著汗衫、短褲走進酒吧時（朱爾沒有出現），布區正在和老大談事情，稍後，文生和馬索勒的妻子米雅一起走出酒吧。電影的這個部分以米雅的「復活」作結。

(4)布區的夢：故事回到布區小時候，孔斯船長把布區父親遺留的懷錶交給他。

(5)布區離開拳擊場。他違背馬索勒的指示，把對手擊潰，贏了拳擊比賽。他和女友法比安碰面，女友說她忘了把懷錶帶出來。布區回到住處，找出懷錶，殺了等他回來準備替馬索勒報仇的文生。在回去和法比安會合的路上，布區碰巧和馬索勒一起遭人禁錮。後來巴契幫馬索勒鬆綁，兩人恩怨一筆勾消。布區孑然一身，帶著懷錶和女友，離開本城，到別處生活。

(6)在殺人案發生的那間公寓裡，朱爾和文生看到第四個人，距離他們只有幾公尺，想要殺他們，卻沒成功。因爲發生了這個奇蹟，朱爾突然開始相信神。在車裡，文生失手殺了馬文。他打電話叫狼吉米過來清理車子。吉勒和文生則把西裝換成汗衫和短褲。

(7)餐廳：朱爾和文生兩人，身穿汗衫，繼續討論剛才發生的奇蹟。南瓜和邦妮兩人起身，持槍搶劫餐廳。吉勒和文生將兩人勸服以後，從容不迫地走出餐廳，回到街上。劇終。

實際時間

(2)朱爾和文生兩人，身著黑衣，殺了公寓裡的兩個人。

(6)公寓裡的第三個人，想要殺他們，卻沒有成功。朱爾和文生把他殺了。在車裡，文生失手殺了住在公寓裡的第四個人馬文。他們叫狼吉米過來處理。

(1)南瓜和邦妮在餐廳討論事情。

(7)朱爾和文生穿著短褲和T恤，走進餐廳，勸這對年輕人放棄搶劫，然後兩人走出餐廳。

(3)文生到馬索勒的酒吧（我們推測朱爾已經金盆洗手，獻身神職），身穿T恤，和布區碰面，稍後和米雅一起走出酒吧。米雅「復活」爲本段的結尾。

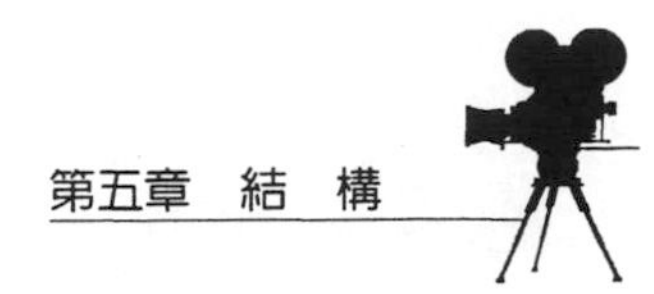

(4)布區的夢。

(5)布區遁逃，拿了懷錶，殺了文生，救了馬索勒，和愛人遠走高飛。圓滿結局。

仔細觀察塔倫汀諾這部電影的結構，我們發現內含的劇情其實再平凡不過。塔倫汀諾並沒有摒棄類型電影的固定公式，他要告訴我們的，正是一個落魄拳擊手布區的故事。布區解決了內在衝突（重拾自尊），卻因此和馬索勒起了另一個衝突。幸虧情勢助人，巴契將馬索勒自納梅兄弟的魔掌中解救出來，化解了彼此的衝突，布區才能帶著傳家寶（懷錶）和愛人離開本城。本片的眞正主題應該是光炫奪目、詼諧諷刺的結構。

註釋

1 《沙漠女囚犯》（*La Prisonnière du désert*）（1950）一片情節跨越十五到二十年間；《小巨人》則跨越了一百一十年。

2 或稱turning point，具有轉軸般的作用，將劇情導入新的方向。

3 此乃電影《斷了氣》（*À Bout de Souffle*）的故事梗概。《斷了氣》這部片的構想來自楚浮，再由高達（Jean-Luc Godard）撰寫劇本，拍攝成電影。

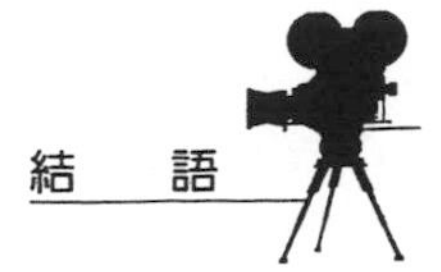

結　語

電影劇本和電影的歷史都剛剛好滿一個世紀。其他的藝術類型，比如長篇小說、短篇小說甚或劇場劇本，都是經過數世紀的演變，才發展出現有的形式。雖然所有藝術類型在本世紀末的變動比以往快速許多，但劇本寫作尚未跨越稚嫩期。未來將從互動和虛擬科技中，發展出新的媒體，以一種深不可測的方式，影響到今天我們稱之爲電影和電視兩者的性質，也會影響劇本的性質和形式。不過，截至今日，這些新興的科技還在實驗摸索的階段，還是必須仰賴文字的形式來表現其基本構想。

有一部英國國家廣播公司的紀錄片，介紹大衛・林（David Lean）和羅伯・波特（Robert Bolt）兩人密切的合作關係。大衛・林是電影編劇，他在該紀錄片中強調，編劇和導演所具備的能力基本上並不相同。他說：「終有一天會出現能同時掌握文學語言和電影語言的人。」他提到一位少數能兼具編導才華，而不費吹灰之力的人，就是奧森・威爾斯。當然，除了現有的幾位菁英，後起之秀仍是指日可待。

然而，兼修文學和電影的巨擘，似乎愈來愈少。正如事實所示，新一代導演最教人印象深刻的地方，在於他們的靈感來源已經有所改變。他們的藝術經驗愈來愈以既有的電影和電視為基礎，再創作出新的作品。對電影媒體已經能成功掌握的人，似乎離文學和戲劇的傳統愈來愈遠。

所以編劇的職責之一，就是建立起連接現在、未來和過去影像媒體的橋梁。過去的影像媒體，以短篇小說和舞台戲劇的技術和傳統為基礎。以互動和數位化為基礎的新興技術，將使得影像被大量製造，可能不再像文學和戲劇一樣擁有文字形式。我們站在「美麗新世界」的門檻上，如果想要把握住人類經驗中最美好的部分，那麼編劇——根據文學和戲劇傳統撰寫劇本的人——就絕不能缺席。

電影索引

- 《斷了氣》（*À bout de souffle*），導演：高達（Jean-Luc Godard），編劇：高達與楚浮（Francois Truffaut），法國，1959。
- 《破壞》（*Sabotage*），導演：希區考克（Alfred Hitchcock），編劇：查爾斯・貝內特（Charles Bennett），英國，1936。
- 《異形》（*Alien*），導演：瑞德雷・史考特（Ridley Scott），編劇：唐・歐班儂（Dan O'Bannon），美國，1979。
- 《阿瑪珂德》（*Amarcord*），導演：費里尼（Federico Fellini），編劇：多尼諾・蓋拉（Tonino Guerra），義大利，1973。
- 《安妮霍爾》（*Annie Hall*），導演：伍迪・艾倫（Woody Allen），編劇：伍迪・艾倫，美國，1977。
- 《安蒂岡妮》（*Antigone*），作者：索福克里斯（Sophocle），西元前495～406。
- 《學徒》（*Apprentis*），導演：薩爾瓦多利（Pierre Salvadori），編劇：薩爾瓦多利，法國，1995。

- 《十二隻猴子軍團》(*Twelve Monkeys*)，導演：泰瑞・吉廉(Terry Gillian)，編劇：大衛・韋柏・匹伯茲(David Webb Peoples)，美國，1996。
- 《消防隊員的舞會》(*Hori Ma Penenko*)，導演：米洛斯・福曼(Milos Forman)，編劇：米洛斯・福曼與伊凡・巴瑟(Ivan Passer)，捷克，1967。
- 《以父之名》(*In The Name of the Father*)，導演：吉姆・謝瑞登(Jim Sheridan)，編劇：泰利・喬治(Terry Georges)與吉姆・謝瑞登，愛爾蘭-英國，1993。
- 《巴頓芬克》(*Barton Fink*)，導演：柯恩兄弟，編劇：柯恩兄弟，美國，1990。
- 《狗狗巴斯特》(*Baxter*)，導演：傑洛姆・波凡(Jérôme Boivin)，編劇：賈克・歐狄亞(Jacques Audiard)與傑洛姆・波凡，1988。
- 《白色情迷》(*Blanc*)，導演：奇士勞斯基(Krzystof Kieslowski)，編劇：皮修維茲(Krzystof Piesiewick)，波蘭，1993。
- 《藍色情挑》(*Bleu*)，導演：奇士勞斯基，編劇：皮修維茲，波蘭，1993。
- 《布杜遇溺記》(*Boudu sauvé des eaux*)，導演：尚・雷諾(Jean Renoir)，編劇：赫內・弗沙(René Fauchoix)，法

國，1932。

- 《水牛比爾和印地安人》（*Buffalo Bill and the Indians*），導演：勞伯・阿特曼（Robert Altman），編劇：亞蘭・魯爾道夫（Alan Rudolphe）與勞伯・阿特曼，美國，1976。
- 《虎豹小霸王》（*Butch Cassidy And The Sundance Kid*），導演：喬治・洛・希爾（Georges Roy Hill），編劇：威廉・高曼（William Goldman），美國，1968。
- 《狂飆少年》（*Bye Bye*），導演：卡亨・特伊諦（Karim Dridi），編劇：卡亨・特伊諦，法國，1995。
- 《就在您家附近發生》（*Cést arrivé près de chez vous*），導演：雷米・貝勒沃（Rémy Belvaux），編劇：安德烈・邦哲（André Bonzel）、伯諾瓦・波埃伍德（Benoît Poelvoorde）與雷米・貝勒沃，比利時，1992。
- 《玻璃情人》（*Carrington*），導演：克里斯多夫・漢普頓（Christopher Hampton），編劇：克里斯多夫・漢普頓與麥可・侯洛（Michael Holroyd），英國，1995。
- 《北非諜影》（*Casablanca*），導演：米高・寇帝斯（Michael Curtiz），編劇：朱琉斯・艾普斯頓（Julius A. Epstein）與菲利普・艾普斯頓（Philip G. Epstein），美國，1942。
- 《春風化雨》（*Dead Poets' Society*），導演：彼得・威爾（Peter Weir），編劇：湯姆・休曼（Tom Schulman），美國，

1989。

- 《尋找一隻貓》(*Chacun cherche son chat*),導演:辛德克・帕彼曲(Cédric Klapisch),編劇:辛德克・帕彼曲,法國,1995。
- 《敲詐》(*Blackmail*),導演:希區考克,編劇:查爾斯・貝內特、雷維與希區考克,美國,1929。
- 《萬花嬉春》(*Singin' In The Rain*),導演:史坦利・多能(Stanley Donen)與金・凱利(Gene Kelly),編劇:貝蒂・肯頓(Betty Comden)與阿道爾夫・格林(Adolph Green),美國,1952。
- 《追捕逃犯》(*Manhunt*)導演:弗列茲・朗(Fritz Lang),編劇:杜德利・尼寇斯(Dudley Nichols),美國,1941。
- 《驛馬車》(*Stagecoach*),導演:約翰・福特(John Ford),編劇:杜德利・尼寇斯,美國,1939。
- 《唐人街》(*Chinatown*),導演:羅曼・波蘭斯基(Roman Polanski),編劇:羅伯・托溫(Robert Towne),美國,1974。
- 《怪物》(*The Thing*),導演:克李斯瓊・尼比(Christian Nyby),編劇:查爾斯・萊得勒(Charles Lederer)與班・海契(Ben Hetch),1951。
- 《任你遨翔》(*Le ciel est à vous*),導演:尙・葛雷米隆

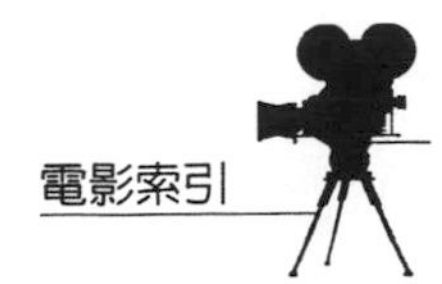

(Jean Grémillon),編劇:亞伯・華倫汀(Albert Valentin)與查爾斯・史帕克(Charles Spaak),法國,1943。

- 《大國民》(*Citizen Kane*),導演:奧森・威爾斯(Orson Welles),編劇:奧森・威爾斯與賀曼・曼奇維茲(Herman Mankiewicz),美國,1940。
- 《願嫁金龜婿》(*How To Marry a Millionaire ?*),導演:尚・奈古雷斯哥(Jean Negulesco),編劇:紐迺利・強森(NunNally Johnson),美國,1953。
- 《夥伴》(*Comperes*),導演:佛朗西斯・維貝(Francis Veber),編劇:佛朗西斯・維貝,法國,1983。
- 《夏天的故事》(*Conte d'été*),導演:侯麥(Eric Rohmer),編劇:侯麥,法國,1995。
- 《奪魂索》(*Rope*),導演:希區考克,編劇:羅倫茲(A. Laurentz),美國,1948。
- 《罪與愆》(*Crimes and Misdemeanors*),導演:伍迪・艾倫,編劇:伍迪・艾倫,美國,1989。
- 《白牙》(*White Fang*),導演:藍道・克雷瑟(Randal Kleiser),編劇:琴・羅森保(Jeanne Rosenberg)、尼克・席爾(Nick Thiel)與大衛・費倫(David Fallon),1991。
- 《亂世浮生》(*The Crying Game*),導演:尼爾・裘登(Neil Jordan),編劇:尼爾・裘登,英國,1992。

- 《與狼共舞》（*Dance With Wolves*），導演：凱文·科斯納（Kevin Corstner），編劇：麥可·布拉克（Michael Blake），美國，1990。
- 《十誡》（*Décalogue*），導演：奇士勞斯基，編劇：皮修維茲，波蘭，1988。
- 《大白鯊》（*Jaws*），導演：史蒂芬·史匹柏（Steven Spielberg），編劇：彼得·班徹雷（Peter Benchley）、卡爾·格特利（Carl Gottlieb）與約翰·米利亞司（John Milius），美國，1975。
- 《基督的最後誘惑》（*The Last Temptation of Christ*），導演：馬丁·史柯西斯（Martin Scorsese），編劇：保羅·施雷德（Paul Schrader），美國，1988。
- 《糊塗情殺案》（*Diaboliques*），導演：亨利-喬治·克盧佐（Henri-Georges Clouzot），編劇：亨利-喬治·克盧佐、傑洛姆·傑侯米尼（Jérome Géromini）、賀內·馬松（René Masson）與費德瑞克·格朗戴爾（Fédéric Grendel），法國，1954。
- 《外星人》（*E.T.*），導演：史蒂芬·史匹柏，編劇：梅莉莎·馬錫松（Mélissa Mathison），美國，1982。
- 《惹人厭》（*L'Emmerdeur*），導演：愛德華·莫利納洛（Edcuard Molinaro）編劇：佛朗西斯·維貝，1973。

- 《又來了》(*Encore*),導演:巴斯卡・波尼哲(Pascal Bonitzer),編劇:巴斯卡・波尼哲,法國,1996。
- 《死吻》(*Kiss Me Deadly*),導演:羅伯特・奧德利奇(Robert Aldrich),編劇:貝哲瑞德茲(A. I. Bezzerides),美國,1955。
- 《夜訪吸血鬼》(*Interview with the Vampire*),導演:尼爾・裘登,編劇:安娜・瑞斯,美國,1994。
- 《揚帆》(*E la nave va*),導演:費里尼,編劇:費里尼與多尼諾・蓋拉(Tonino Guerra),義大利,1983。
- 《房東清點公寓》(*États des lieux*),導演:尚-佛朗西瓦・希榭(Jean-François Richet),編劇:派瑞克・戴爾伊左拉(Patrick Dell'Isola)與尚-佛朗西瓦・希榭,法國,1994。
- 《富貴浮雲》(*Mr. Deeds Goes To Town*),導演:法朗克・凱普拉(Frank Capra),編劇:羅伯特・瑞斯金,美國,1936。
- 《富城》(*Fat City*),導演:約翰・休斯頓(John Huston),編劇:里歐納德・加德那(Leonard Gardner),美國,1972。
- 《綠窗豔影》(*The Woman in the Window*),導演:弗列茲・朗,編劇:紆酒利・強森,美國,1944。
- 《後窗》(*Rear Window*),導演:希區考克,編劇:海茲(J.

M. Hayes）與威廉・艾瑞許（William Irish），美國，1954。

- 《七次機會》（*Seven Chances*），導演：巴斯特・基頓，編劇：尙・哈維（Jean Havez）、約瑟夫・米契爾（Joseph Mitchell）與克萊德・布魯克曼（Clyde Bruckman），美國，1925。
- 《奇幻城市》（*Fishing King*），導演：泰瑞・吉廉（Terry Gilliam），編劇：李察・拉格文尼斯（Richard LaGravenese），美國，1991。
- 《洪河》（*Wild River*），導演：艾莉亞・卡尙（Elia Kazan），編劇：保羅・歐斯朋（Paul Osborn），美國，1960。
- 《黑地獄》（*Night And The City*），導演：傑勒・達森（Jules Dassin），編劇：喬・艾森傑（Jo Eisinger），1950。
- 《戰國英豪》，導演：黑澤明，編劇：黑澤明，日本，1985。
- 《萌芽》（*Gernimal*），導演：克羅德・貝利（Claude Berri），編劇：阿荷烈特・朗格曼（Arlette Langmann）與克羅德・貝利，法國，1993。
- 《舞國》（*Ginger e Fred*），導演：費里尼，編劇：多尼諾・蓋拉、居里歐・畢奈利（Tullio Pinelli）與費里尼，義大利，1985。
- 《迷霧森林十八年》（*Gorillas in the Mist*），導演：麥克・阿波提得（Michael Apted），編劇：安娜・漢米頓・費蘭

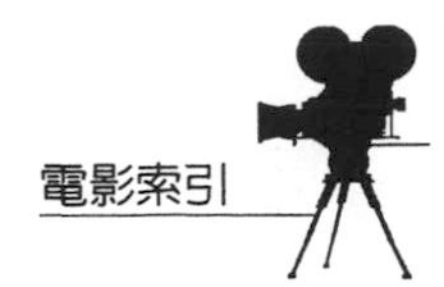

（Anne Hamilton Phelan）與泰伯・莫菲（Tab Murphy），美國，1988。

- 《慾海驚魂》（*Stagefright*），導演：希區考克，編劇：庫克（W. Cook）、艾奧瑪・瑞維爾（Alma Reville）與布利德（G. Bridle），美國，1950。
- 《大吃大喝》（*La Grande Bouffe*），導演：馬可・費瑞利（Marco Ferreri），編劇：拉夫・阿茲格納（Rafael Azcona）與馬可・費瑞利，法國，1973。
- 《大幻影》（*La Grande Illusion*），導演：尚・雷諾，編劇：查爾斯・史帕克與尚・雷諾，法國，1937。
- 《星際大戰》（*Star Wars*），導演：喬治・盧卡斯（Georges Lucas），編劇：喬治・盧卡斯，美國，1977。
- 《恨》（*La Haine*），導演：馬修・卡索維茲（Mathieu Kassovitz），編劇：馬修・卡索維茲，法國，1995。
- 《王子復仇記》（*Hamlet*），導演：羅倫斯・奧利佛（Laurence Olivier），編劇：羅倫斯・奧利佛（根據莎士比亞原著編劇），英國，1948。
- 《厚望》（*High Hope*），導演：麥克・李（Mike Leigh），編劇：麥克・李，英國，1988。
- 《無名小卒》（*Meet John Doe*），導演：法朗克・凱普拉，編劇：羅伯特・瑞斯金，美國，1941。

- 《擒兇記》（*The Man Who Knew Too Much*），導演：希區考克，編劇：查爾斯．貝內特與羅林森（A. R. Rawlinson），英國，1934。
- 《擒兇記》（*The Man Who Knew Too Much*），導演：希區考克，編劇：海茲、麥克．費爾（A. Mac Phail）與查爾斯．貝內特，美國，1956。
- 《殺無赦》（*Unforgiven*），導演：克林．伊斯威特（Clint Eastwood），編劇：大衛．韋柏．匹伯茲，美國，1992。
- 《育嬰奇譚》（*Bringing up Baby*），導演：哈華德．霍克斯（Howard Hawks），編劇：杜德利．尼寇斯與海嘉爾．維得（Hagar Wilde），美國，1938。
- 《ID4 星際終結者》（*Independence Day*），導演：羅蘭．艾馬瑞奇（Roland Emmerich），編劇：狄恩．戴夫林（Dean Devline）與羅蘭．艾馬瑞奇，美國，1996。
- 《少女與死》（*Jeune Fille et la Mort*），導演：羅曼．波蘭斯基，編劇：伊格雷希雅斯（R. Yglesias）與道夫曼（A. Dorfman），法國／英國，1994。
- 《侏羅紀公園》（*Jurassic Park*），導演：史蒂芬．史匹柏，編劇：大衛．蓋普（David Koepp），根據麥可．克利區頓（Michael Crichton）原著編劇，美國，1993。
- 《克拉瑪對克拉瑪》（*Kramer versus Kramer*），導演：羅伯．

班頓（Robert Benton），編劇：羅伯・班頓，美國，1979。

- 《鋼琴師和她的情人》（*The Piano*），導演：珍・康萍（Jane Campion），編劇：珍・康萍，法國-澳大利亞，1992。
- 《列寧格勒牛仔征美記》（*Leningrad Cowboys Go to America*）導演：雅奇・庫瑞斯馬基（Aki Kaurismaki），編劇：雅奇・庫瑞斯馬基，芬蘭，1990。
- 《終極追殺令》（*Léon*），導演：盧貝松（Luc Besson），編劇：盧貝松，法國，1994。
- 《致命的吸引力》（*Fatal Attraction*），導演：亞卓恩・林（Adrian Lyne），編劇：詹姆斯・狄爾頓（James Dearden），美國，1987。
- 《小巨人》（*Little Big Man*），導演：亞瑟・潘恩（Arthur Penn），編劇：凱德・威林翰（Calder Willingham），美國，1969。
- 《意亂情迷》（*Spellbound*），導演：希區考克，編劇：班・海契（Ben Hecht），美國，1945。
- 《伎倆》（*Manèges*），導演：伊弗・阿雷格瑞（Yves Allegret），編劇：賈克・席莒（Jacques Sigurd），法國，1949。
- 《非強力春藥》（*Mighty Aphrodite*），導演：伍迪・艾倫，編劇：伍迪・艾倫，美國，1995。
- 《一段情》（*The Go-Between*），導演：約瑟夫・羅西（Jesoph

Rosey），編劇：漢羅德・品特（Harold Pinter），英國，1971。

- 《戰慄遊戲》（*Misery*），導演：勞伯・瑞內（Rob Reiner），編劇：威廉・高曼（William Goldman），美國，1990。
- 《我的舅舅》（*Mon Oncle*），導演：賈克・大地，編劇：賈克・大地、賈克・拉格杭吉（Jacques Lagrange）與尙・洛特（Jean L'Hôte），法國，1958。
- 《我的爸爸是英雄》（*Mon Père ce héros*），導演：傑哈・羅吉耶（Gérald Lauzier），編劇：傑哈・羅吉耶，法國，1991。
- 《北西北》（*North by Northwest*），導演：希區考克，編劇：爾尼斯特・列曼（Ernest Lehman），美國，1959。
- 《革命叛徒》（*Informer*），導演：約翰・福特（John Ford），編劇：杜德利・尼寇斯，美國，1935。
- 《音樂盒》（*Music Box*），導演：柯斯達-蓋佛拉（Costa-Gavras），編劇：喬・艾茲特哈斯（Joe Eszterhas），美國，1989。
- 《懷胎九月》（*Neuf mois*），導演：派屈克・布豪德（Patrick Braoudé），編劇：派屈克・布豪德，1993。
- 《一夜風流》（*It Happened One Night*），導演：法蘭克・凱普拉，編劇：羅伯特・瑞斯金，美國，1934。
- 《計畫》（*The Set-up*），導演：羅伯特・維茲（Robert

Wise），編劇：阿爾特・可恩（Art Cohn），美國，1949。

- 《伊底帕斯王》，索福克里斯（Sophocles）（西元前495-406年），希臘。
- 《鳥》（*The Birds*），導演：希區考克，編劇：韓特（E. Hunter），美國，1963。
- 《巴黎・德州》（*Paris, Texas*），導演：溫德斯（Wim Wenders），編劇：山姆・薛帕（Sam Shepard），德國，1984。
- 《豔賊》（*Marnie*），導演：希區考克，編劇：傑・佩斯頓・亞倫（Jay Preston Allen），美國，1964。
- 《巡邏隊失蹤》（*La Patrouille perdue*），導演：約翰・福特，編劇：杜德利・尼寇斯與佛特（G. Fort），美國，1934。
- 《聖誕老人是垃圾》（*Le Père Noël est une ordure*），導演：尚-馬利・勃瓦瑞（Jean-Marie Poiré），編劇：閃耀小組（L'équipe du Splendid），法國，1982。
- 《和死神打交道》（*Petits arrangements avec les morts*），導演：巴斯卡・費宏（Pascal Ferran），編劇：皮耶・特瑞第維（Pierre Trividil）與巴斯卡・費宏，法國，1994。
- 《皮嘎勒》（*Pigalle*），導演：卡亨・特伊諦，編劇：卡亨・特伊諦，法國，1994。
- 《前進高棉》（*Platoom*），導演：奧立佛・史東（Oliver

Stone），編劇：奧立佛・史東，美國，1986。

- 《娛樂時間》（*Playtime*），導演：賈克・大地，編劇：賈克・大地，法國，1967。
- 《駭浪驚情》（*To Have and Have not*），導演：約翰・休斯頓（John Huston），編劇：吉勒・佛斯曼（Jules Furthman）與威廉・福克納（William Faulkner），美國，1944～1945。
- 《驚魂記》（*Psycho*），導演：希區考克，編劇：約瑟夫・史達芬諾（Joseph Stephano）與羅伯特・布洛許（Robert Bloch），美國，1960。
- 《黑色追緝令》（*Pulp Fiction*），導演：昆汀・塔倫汀諾（Quentin Tarantino），編劇：昆汀・塔倫汀諾，美國，1994。
- 《你是我今生的新娘》（*Four Marriages and a Funeral*），導演：麥克・紐威爾（Mike Newell），編劇：李查・克提斯（Richard Curtis），英國，1994。
- 《靈慾春宵》（*Who's Afraid of Virginia Woolf ?*），導演：麥克・尼克斯（Mike Nichols），編劇：爾尼斯特・列曼（Ernest Lehman）美國，1966。
- 《威探闖通關》（*Who Framed Roger Rabbit ?*），導演：羅伯特・澤梅基斯（Robert Zemeckis），編劇：傑佛瑞・普萊斯（Jeffery Price）與彼得斯・西曼（Peters Seaman），美國，

1988。

- 《怒火之花》（*The Grapes of Wrath*），導演：約翰·福特，編劇：紐迺利·強森，美國，1940。
- 《藍波》（*Rambo*），導演：泰德·柯雪夫（Ted Kotcheff），編劇：麥可·科佐爾（Michael Kozoll）與席維斯·史特龍（Sylvester Stallone），美國，1982。
- 《尤里西斯之生命旅程》（*Le Regard d'Ulysse*），導演：安哲羅普洛斯，編劇：安哲羅普洛斯與多尼諾·蓋拉，希臘，1994。
- 《修女傳》（*La Religieuse*），導演：賈克·希維特（Jacques Rivette），編劇：尙·格魯歐（Jean Gruault）與賈克·希維特，法國，1955。
- 《霸道横行》（*Resevoir Dogs*），導演：昆汀·塔倫汀諾，編劇：昆汀·塔倫汀諾，1992。
- 《馬丁蓋爾返家記》（*Le Retour de Martin Guerre*），導演：丹尼爾·文涅（Daniel Vigne），編劇：尙-克勞德·卡里耶（Jean-Claude Carrière）與丹尼爾·文涅，法國，1981。
- 《回到未來》（*Back to the Future*），導演：羅伯特·澤梅基斯，編劇：羅伯特·澤梅基斯與鮑伯·蓋爾（Bob Gale），美國，1985。
- 《洛基》（*Rocky*），導演：約翰·艾維森（John C.

Avildsen），編劇：席維斯・史特龍，美國，1976。

- 《失嬰記》（*Rosemary's Baby*），導演：羅曼・波蘭斯基，編劇：羅曼・波蘭斯基，美國，1968。
- 《蘿絲》（*Rosine*），導演：克莉絲汀・卡里耶（Christine Carriere），編劇：克莉絲汀・卡里耶，法國，1994。
- 《紅色情深》（*Rouge*），導演：奇士勞斯基，編劇：皮修維茲，波蘭，1993。
- 《血紅街道》（*Scarlet Street*），導演：弗列茲・朗，編劇：杜德利・尼寇斯，美國，1945。
- 《淘金熱》（*Gold Rush*），導演：卓別林（Charlie Chaplin），編劇：卓別林，美國，1925。
- 《安全地帶》（*Safe*），導演：塔德・海恩斯（Tod Haynes），編劇：塔德・海恩斯，美國，1996。
- 《秘密與謊言》（*Secrets and Lies*），導演：麥克・李，編劇：麥克・李，英國，1996。
- 《光榮之路》（*Paths of Glory*），導演：史坦利・庫柏力克（Stanley Kubricks），編劇：史坦利・庫柏力克、凱德・威林翰（Calder Willingham）與吉姆・湯普森（Jim Thompson），美國，1958。
- 《性・謊言・錄影帶》（*Sex, Lies & Videotape*），導演：史蒂芬・索德柏（Steven Soderbergh），編劇：史蒂芬・索德柏，

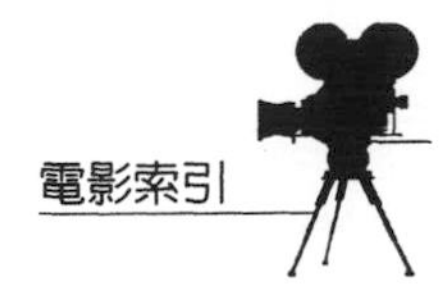

美國，1989。

- 《鬼店》（*The Shining*），導演：史坦利・庫柏力克，編劇：黛安娜・強森（Diane Johnson）改編史蒂芬・金（Steven King）小說，美國，1980。
- 《沈默的羔羊》（*The Silence of the Lambs*），導演：強納森・丹姆（Jonathan Demme），編劇：泰德・泰利（Ted Tally），美國，1990。
- 《史耐普》（*The Snapper*），導演：史蒂芬・佛爾斯（Steven Frears），編劇：羅狄・道伊爾（Roddy Doyle），英國，1993。
- 《夏日癡魂》（*Suddenly Last Summer*），導演：約瑟夫・曼奇維茲（Joseph L. Mankiewicz），編劇：高爾・維達（Gore Vidal），美國，1959。
- 《捍衛戰警》（*Speed*），導演：詹・德彭（Jan DeBont），編劇：葛萊翰・約斯特（Grahem Yost），美國，1994。
- 《迷魂記》（*Vertigo*），導演：希區考克，編劇：卡培爾（A. Cappel）與泰勒（S. Taylor），美國，1958。
- 《岸上風雲》（*On the Waterfront*），導演：伊力・卡山（Elia Kazan），編劇：巴德・舒柏格（Budd Schulberg），美國，1954。
- 《魔鬼終結者》（*Terminator*），導演：詹姆斯・柯麥隆

（James Cameron），編劇：詹姆斯・柯麥隆與嘉爾・安・荷德（Gale Anne Hurd），美國，1984。

- 《末路狂花》（*Thelma et Louise*），導演：瑞德立・史考特（Ridley Scott），編劇：卡莉・庫利，美國，1990。
- 《總數》（*La Totale*），導演：克勞德・吉狄（Claude Zidi），編劇：西蒙・米卡埃（Simon Michael）與克勞德・吉狄，法國，1991。
- 《交易》（*Trafic*），導演：賈克・大地，編劇：賈克・大地，法國，1971。
- 《日正當中》（*High Noon*），導演：佛列德・辛曼（Fred Zinneman），編劇：卡爾・福曼（Carl Foreman），美國，1952。
- 《狂兇記》（*The 39 Steps*），導演：希區考克，編劇：查爾斯・貝內特與艾奧瑪・瑞維爾，英國，1935。
- 《光棍添丁》（*Trois hommes et un couffin*），導演：格琳・賽侯（Coline Serreau），編劇：格琳・賽侯，法國，1985。
- 《風雲人物》（*It's a Wonderful Life*），導演：法蘭克・凱普拉，編劇：古德瑞契（F. Goodrich）、海克特（A. Hackett）與法蘭克・凱普拉，美國，1946。
- 《時空急轉彎》（*Les Visiteurs*），導演：尚-馬利・勃瓦瑞，編劇：克里斯瓊・克拉維耶（Christian Clavier）、尚-馬利・勃

瓦瑞，法國，1992。

- 《飛越杜鵑窩》（*One Flew over the Cuckoo's Nest*），導演：米洛斯・福曼（Milos Forman），編劇：羅倫斯・赫本（Lawrence Hauben），美國，1975。
- 《證人》（*Witness*），導演：彼得・威爾，編劇：威廉・凱利（William Kelly）與厄爾・瓦烈司（Earl W. Wallace），美國，1984。

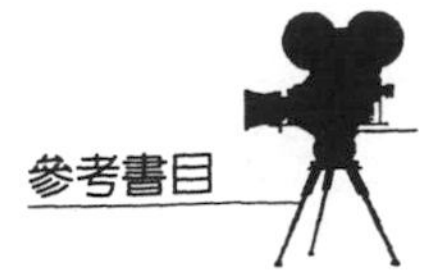

參考書目

1. 電影劇本寫作之法文著作

BLOCH John-W., FADIMAN Bill, PEYSER Lois, *Manuel du scénario américain,* Bruxelles, CIAM, 1992.

CARRIERE Jean-Claude, BONITZER Pascal, *Exercice du scénario,* Paris, Femis, 1990.

CARRIERE Jean-Claude, *Raconter une histoire,* Paris, Femis, 1993.

CHION Michel, *Écrire un scénario,* Paris, Éd. de l'Etoile/INA, 1987.

CHION Michel, *Le Son au cinéma,* Paris, Cahiers du cinéma, 1992.

CUCCA Antoine, *L'Ecriture du scénario,* Paris, Dujarric, 1986.

ELIAD Tudor, *Comment écrire et vendre son scénario,* Paris, Veyrier, 1980.

GARCIA Alain, *L'Adaptation du roman au film,* Paris, Diffusion, 1989.

JENN Pierre, *Techniques du scénario,* Paris, Femis, 1991.

LAVANDIER Yves, *La Dramaturgie,* Paris, Le Clown et l'enfant, 1994.

MAILLOT Pierre, *L'Ecriture cinématographique,* Paris, Méridiens-Klincksieck, 1988.

TOROK Jean-Paul, *Le Scénario, Paris,* Veyrier, 1986.

VANOYE Francis, *Récit écrit, récit filmique,* Paris, Nathan University, 1989.

VANOYE Francis, *Scénarios modèles, modèles de scénarios,* Paris, Nathan Université, 1991.

2. 近年電影劇本寫作之其他語文著作

AGE（即Agenore Incrocci）, *Scriviamo un film,* Parma, Pratiche Editrice, 1992.

HOWARD David, MABLEY Edward, *The Tools of Screenwriting,* New York, St. Martin's Press, 1993.

HUNTER Lew, *Screenwriting* 434, New York, Perigee, 1993.

SEGER Linda, *Making A Good Script Great,* Samuel French, Hollywood, USA, 1987.

SEGER Linda, *The Art of Adaptation,* New York, Henry Holt & Company, 1992.

SEGER Linda, WHETMORE Edward-Jay, *From Script To Screen :*

The Collaborative Art of Filmmaking, New York, Henry Holt & Company, 1994.

SWAIN Dwight V., *Film Scriptwriting,* Boston, Focal Press, 1988.

WOLFF Jurgen, Cox Kerry, *Top Secrets : Screenwriting*, Los Angeles, Lone Eagle Publishing Company, 1993.

3. 主題參考書目

(1)敘事傳統與神話傳說

CAMPBELL Joseph, *Les héros sont éternels,* Paris, Seghers, 1987（譯自英文原著：*The Hero with a Thousand Faces*）.

FRAZER James Georges, *Le Rameau d'or,* Paris, Laffont, 1980（英文原著：*The Golden Bough*）

VOGLER Christopher, *The Writer's Journey,* Studio City, Californie, Michael Wiese Productions, 1992.

(2)人物

HORTON Andrew, *Writing The Character-Centered Screenplay,* Los Angles, University of California Press, 1994. 該著將人物放在劇本的中心，反對獨重三幕結構。

SEGER Linda, *Creating Unforgettable Characters,* New York, Henry Holt And Company, 1990.

TURCO Lewis, *Dialogue,* Cincinnaiti, Writer's Digest Books,

1989.

VANOYE Francis, *Scénarios modèles, modèles de scénario,* Paris, Nathan Universite, 1991. 請參閱該著塑造人物的章節。

VERNET Marc, *Le Personnage de film,* Paris, Iris n° 7.

(3)衝突

RUIZ Raoul, *Poétique du cinéma, Paris,* éd. Dis Voir, 1995. 否定衝突爲戲劇的中心。

(4)結構

DANCYGER Ken, JEFF Rush, *Alternative Scriptwriting,* Stoneham, Massachusetts, Focal Press, 1991. 三幕結構的另一種選擇。

FIELD Syd, *Screenplay*（1979）和 *The Screenwriter's Workbook,* New York, Dell Publishing, 1984. 至截稿前尚未有法文譯本。認識三幕結構的必讀經典。

NACACHE Jacqueline, *Le Film hollywoodien classique,* Paris, Nathan Université, coll.《128》, 1995. 該著探討好萊塢電影風格，特別研究其中倒敘和簡略的手法。

4. 創作中的電影編劇（訪談錄）

(1)書籍

BRADY John, *The Craft of the Screenwriter,* New York,

Touchstone, 1981. 該著載有與Paddy Chayefsky, Paul Schrader, Neil Simon, Robert Towne等人之訪談錄。

FROUG William, *The New Screenwriter Looks at the New Screenwriter,* Hollywood, Silman-James Press, 1992. 該著載有與Dan O'Bannon, Joe Eszterhas, Ronald Bass, Jeffrey Boams等人之訪談錄。

GOLDMAN William, *Adventures in the Screen Trade,* New York, Time Warner Books, 1983.

HENNEBELLE Guy（主編）, Paris, *Les Scénaristes français,* CinemAction-Corlet Télérama, 1991.

PASQUIER Dominique, *Les Scénaristes et la télévision,* Paris, Nathan Université, 1995. 對編劇，特別是電視編劇的職業，以社會學的角度分析。

SALÉ Christian, *Les Scénaristes au travail,* Paris, Hatier, 1981.

QUESTERBERT Marie-Christine, *Les Scénaristes italiens,* Paris, Hatier, 1988.

SCHANZER Karl, THOMAS Lee Wright, *American Screenwriters,* New York, Avon Books, 1993. 該著載有與Shane Black, Ron Bass, James Cameron, Callie Khouri等人之訪談錄。

(2)法文專業雜誌中與編劇之訪談錄

《Alain Resnais expliqué par ses scénaristes》, *Cinéma,* n° 259/260, juillet-août 1980. 該期載有與Jean Gruault, Marguerite Duras, Alain Robbe-Grillet, Jean Cayrol, Jorge Semprun, Jacques Sternberg等人之訪談錄。

TÉCHINÉ André,《Les jardins intérieurs》, *Cahiers du cinéma,* n° 383/384, mai 1986.

《L'enjeu scénario》, *Cahiers du cinéma,* n° 371/372, mai 1985. 該期爲《編劇之電影》特輯。

BOULANGER Daniel,《Au générique les scénaristes》, *Cinéma,* n° 93.

BRACH Gérard,《La route de l'or》, 訪談錄, *Cahiers du cinéma,* n° 383/384, mai 1986.

BRACH Gérard, 《Le voyageur immobile》, *La Revue du cinéma,* n° 416, mai 1986.

JEANSON Henri,《Le métier de scénariste》, *Cinéma* 56, n° 10, mars-avril 1956.

《Où est la crise?》, *Cahiers du cinéma,* n° 305, novembre 1979.

Positif, n° 363, mai 1991. Age與Gore Vidal的專題以及訪談錄。

5. 幾本探討戲劇作品的著作

ARISTOTE, *Poétique,* Paris, Le livre de poche, 1990.

EGRI Lajos, *The Art of Dramatic Writing,* New York, Simon & Schuster, 1952.

FRYE Northrop, *Anatomie de la critique,* Paris, Gallimard, 1967.

GENNETTE Gérard, *Figures II,* Le Seuil, Paris, 1969.

HENNEBELLE Guy（主編）, *Le Remake et l'adaptation,* Paris, CinémAction-Corlet Télérama, 1989.

HENEBELLE Guy（主編）, *L'Enseignement du scénario*, CinémAction, INA, Paris, 1991.

La Politique des Auteurs, 與十位電影人之訪談錄, éd de *l'E*toile, Cahiers du cinéma, 1984.

Scénario, l'anticipation de l'image, 訪談錄, Caméra/stylo, Septembre 1983.

本叢書中相關著作

《電影—影像》系列

3. Jean-Louis Leutrat, *Le Cinéma en perspective : une histoire*
5. Gabriel Bauret, *Approches de la photographie*
17. Francis Vanoye et Anne Goliot-Lété, *Précis d'analyse filmique*
44. Martine Joly, *Introduction à l'analyse de l'image*
67. Jean-Claude Seguin, *Histoire du cinéma espagnol*

87. Jacqueline Nacache, *Le Film hollywoodien classique*

89. Jean-Pierre Jeancolas, *Histoire du cinéma français*

102. Philippe Pilard, *Histoire du cinéma britannique*

103. Laurence Schifano, *Le cinéma italien de 1945 à nos jours*

146. Christian Brochand, *Économie de la télévision française*

159. Denise Brahimi, *Cinémas d'Afrique francophone et du Maghreb*

175. Max Tessier, *Le Cinéma japonais. Une introduction*

180. Michel Marie. *La Nouvelle Vague*

193. Hélène Duccini, *La Télévision et ses mises en scène*

電影劇本寫作

電影學苑 05

著　　者／Dominique Parent-Altier◎著
譯　　者／王書芬◎譯
出　　版／揚智文化事業股份有限公司
發 行 人／葉忠賢
責任編輯／閻富萍
執行編輯／范湘渝
地　　址／台北縣深坑鄉北深路三段 260 號 8 樓
電　　話／(02)8662-6826
傳　　真／(02)2664-7633
登 記 證／局版北市業字第 1117 號
印　　刷／偉勵彩色印刷股份有限公司
法律顧問／北辰著作權事務所　蕭雄淋律師
初版三刷／2009 年 2 月
定　　價／新台幣：200 元
ISBN／957-818-122-1（平裝）
網址／http：//www.ycrc.com.tw

國家圖書館出版品預行編目資料

電影劇本寫作 / D. Parent-Altier著；王書芬
譯.-- 初版. -- 臺北市：揚智文化, 2000 [
民89]
面； 公分. --（電影學苑；5）
參考書目：面
譯自：Approche du scénario
ISBN 957-818-122-1（平裝）

1. 電影劇本 - 寫作法

987.34　　　　89004239